推薦のことば

　大学で学ぶことの目的や目標は、学生諸君により諸種であると思います。しかしながら、深い専門的知識や高度な技術、そして幅広い教養の習得を大学教育の主要な目的とすることに異存のある人は、少ないと思います。この目的達成のため岡山大学は、高度な専門教育とともに、人間活動の基礎的な能力である「教養」の教育にも積極的に取り組んでいます。

　限られた教育資源を活用し大学教育の充実を図るには、効果的かつ能率的な教育実施が不可欠です。これを実現するための有望な方策の一つとして、個々の授業目的に即した適切な教科書を使用するという方法があります。しかしながら、日本の大学教育では伝統的に教科書を用いない授業が主流であり、岡山大学においても教科書の使用率はけっして高くはありません。このような教科書の使用状況は、それぞれの授業内容に適した教科書が少ないことが要因の一つであると考えられます。

　適切な教科書作成により、授業の受講者に対して、教授する教育内容と水準を明確に提示することが可能となります。そこで教育内容の一層の充実と勉学の効率化を図るため、岡山大学では平成 20 年度より本学所属の教員による教科書出版を支援する事業を開始し、これまでに、数多くの学生に使用されています。

　岡山大学では学生たちの学びを強化するために、4 学期制の導入や授業方法の改善など積極的に様々な改革に取り組んでいます。そして教養教育の改革の一つとして、初年次の全学生に対して必修科目として『岡山大学入門講座』及び『キャリア形成基礎講座』を開講しています。本書は、『岡山大学入門講座』の教科書として学生たちがこれから本学で学び、社会へ羽ばたくために必要不可欠な内容を網羅しています。

　そのため、本書は当該授業科目を学生たちが受講する上で、有効な「学びの架け橋」となることを期待して推薦いたします。

　また、今後も岡山大学オリジナルの優れた教科書が出版されていくことを期待しています。

令和 3 年 12 月

国立大学法人 岡山大学
学長　槇野　博史

目　次

推薦のことば

第Ⅰ章　岡山大学生をスタートするあなたへ
―スタートアップ編―

第Ⅱ章　あなた自身を守るために知っておくべきこと
―セルフマネジメント編―

『岡山大学入門講座 2022』執筆者一覧

第Ⅰ章
岡山大学生をスタートするあなたへ
スタートアップ編

1. 大学生としてのスタートを切るために

　岡山大学へ入学したみなさんは、将来に向けて自分自身の夢や希望を持っていることでしょう。そして、みなさんのひとりひとりが、大学での学びを通じて成長し、これからの社会を担っていく人材として、大いに期待されている存在です。ところで、大学に入学すると、呼び方が「生徒」から「学生」に変わりますが、何故でしょうか。理由のひとつとしては、高校までの学びと大学の学びに大きな違いがあることが挙げられますが、一体何が違うのでしょうか？最初に、学びの違いは何かということと、これから学びの場となる大学には、そもそもどのような役割があるのかについて考えてみましょう。

A. 高校までと大学との学びの違いについて、書き出してみよう。

B. 大学にはどのような役割があるのか、書き出してみよう。

　AとBについて書き出すことができましたか？隣の人どうしで、内容を見比べると、自分自身と似たような意見や異なる意見、もしくは自分が思いつかなかった意見が記載されているかもしれません。いずれにせよ、それぞれの問いかけで重要な点は、「A. 高校までと大学との学びの違い」を頭の中で理解するだけではなく、大学での学びに実際に取り組んでいくことです。また、「B. 大学にはどのような役割があるのか」を理解し、自分と社会とを結び付けて考え、大学を構成する一員として行動していくことです。

岡山大学がみなさんに求めること

　岡山大学は、1870年に創設された岡山藩医学館と、1900年に設置された旧制第六高等学校の伝統を受け継ぎながら、1949年に設立され、先人からの知識や経験を積み重ねて、社会の発展に貢献してきました。先ほどは、大学にはどのような役割があるのか、について考えてみましたが、ここでは、みなさんが入学した岡山大学が掲げている理念と目的がどのようなものか、触れてみましょう。

理念：高度な知の創成と的確な知の継承

> 　人類社会を安定的，持続的に進展させるためには，常に新たな知識基盤を構築していかねばなりません。岡山大学は，公的な知の府として，高度な知の創成（研究）と的確な知の継承（教育と社会還元）を通じて人類社会の発展に貢献します。

目的：人類社会の持続的進化のための新たなパラダイム構築

> 　岡山大学は，「自然と人間の共生」に関わる，環境，エネルギー，食料，経済，保健，安全，教育等々の困難な諸課題に対し，既存の知的体系を発展させた新たな発想の展開により問題解決に当たるという，人類社会の持続的進化のための新たなパラダイム構築を大学の目的とします。
>
> 　このため，我が国有数の総合大学の特色を活かし，既存の学問領域を融合した総合大学院制を基盤にして，高度な研究とその研究成果に基づく充実した教育を実施します。

　あらたまった表現の文章ですが、「B. 大学にはどのような役割があるのか」で、みなさんが書き出した点と近い内容が見つかるかもしれません。また、岡山大学の理念と目的を達成するために、「ディプロマポリシー（Diploma Policy）」というものが掲げられています。ディプロマポリシーでは、岡山大学が人材の育成について不断の努力を行うとともに、大学の学びを通してみなさんに身につけて欲しいことがらが示されています。日本国内においては、少子高齢化、所得の格差、都市と地方、エネルギー、災害、安全保障などの領域でさまざまな課題に直面しています。また、国際的には、戦争やテロ、難民、地球温暖化などの課題がさらに山積しています。大学の学びを通して、社会に多くの課題があることを理解し、多様な視点から物事を分析することで、解決の糸口を探る姿勢を身につけることが求められています。

岡山大学のディプロマポリシーは，学生が本学を卒業するにあたって，以下の学士力を基本的に習得し，知の継承者となることを保証するための目標である。

・人間性に富む豊かな教養【教養】

自然や社会の多様な問題に対して関心を持ち，主体的な問題解決に向けての論理的思考力・判断力・創造力を有し，先人の足跡に学び，人間性や倫理観に裏打ちされた豊かな教養を身につけている。

・目的につながる専門性【専門性】

専門的学識と時代を担う技術を身につけていると共に，それらと自然・社会とのつながりを意識し，社会に貢献できる。

・効果的に活用できる情報力【情報力】

必要に応じて自ら情報を収集・分析し，正しく活用できる能力を有すると共に，効果的に情報発信できる。

・時代と社会をリードする行動力【行動力】

グローバル化に対応した国際感覚や言語力と共に，社会生活に求められるコミュニケーション能力を有し，地球規模から地域社会に至る共生のために，的確に行動できる。

・生涯に亘る自己実現力【自己実現力】

スポーツ・文化活動等に親しむことを含めて，自立した個人として日々を享受する姿勢を一層高め，生涯に亘って自己の成長を追求できる。

岡山大学の取り組みについて

上述の理念、目的、そしてディプロマポリシーに基づいて、岡山大学では様々な教育的な取り組みを行っています。まず、岡大生のみなさんに卒業までに獲得・向上してもらいたい力をディプロマポリシーとして明確にしました。次に、大学での学修に加えて正課外活動や国際体験などに取り組んできた学生を「高度実践人」として認定するシステムもあります。これらは岡山大学独自の取り組みであり、学生のみなさんの学びのために構築したものです。次ページに紹介しておきますので、ぜひ知っておいてください。

社会、そして世界へ羽ばたく人財を認定する制度が岡山大学にある！
高度実践人

「高度実践人」は、3基幹力×3側面のポイントで認定されます！

高度実践人
（グローバル）

高度実践人

教養教育科目GPA　　実践型社会連携科目GPA

専門教育科目GPA　　教養力　基礎条件　異社会　　他学部開講科目GPA

外部英語試験成績　　　　　　　　　　　　　　　留学等

3基幹力　　語学力　専門力　異分野　異文化　　3側面

　「高度実践人」は、大学での学修、正課外活動、国際体験等に裏打ちされた豊かな人間性、卓越した知識と行動力、幅広い視野を兼ね備えていることを証明します。学生の皆さんは、在学中に学修面に加えて、様々な活動に積極的に参加しましょう！

学生の皆さんのポイントは、大学側で把握します！
（皆さんからの申請は不要です）

　上記のポイントは、大学側が3年次末の成績をもって算出して、基準を満たしている学生には大学側から通知があります（学生の皆さんからの申請は必要ありません）。

「高度実践人」に認定されると履歴書等でアピールできます！

　「高度実践人」は、岡山大学に在籍する数多くの学生たちの中でも、とりわけ総合力のある限られた人にしか認定されないものです。この実績は、就職活動などの際の履歴書でもアピールすることができます（※記入例参照）。
　また、社会人になってからも、認定されたことに自信と誇りを持っていただき、より一層活躍してくれることを期待しています。

※履歴書（賞罰欄）記入例

年	月	賞　罰
2021	3	高度実践人（グローバル）認定

あらためて大学がどういうところかを考える

　抽象的な説明が多いため、これまでの内容はスッと流れてしまうかもしれません。そして、入学してしばらく経ち、学生生活にも慣れて忙しさが落ち着いてくると、次のような疑問が出てくるかもしれません。ここで答えを用意することはしませんが、そのようなときにはぜひ、友人や先輩、教職員、自分たちとは違う世代の人たちと語り合ってみましょう。

> ・大学生は皆、グローバル社会で活躍することを
> 　目指さなきゃいけないのか？
> ・無駄なものを学ぶことに意義があるって、本当なのか？
> ・そもそも、私たちはなぜ大学で学んでいるのか？

安達千季ほか編　「ゆとり京大生の大学論 教員のホンネ、学生のギモン」2013 から引用

　また、今から時代を遡ること約150年前、哲学者ジョン・ステュアート・ミル（1806 − 73）は、スコットランドにあるセント・アンドルーズ大学の名誉学長に就任する際、学生たちに対する演説の中で次のような言葉を発しました。少し長くなりますが、これからの大学生活を考えるヒントとして、以下に紹介しますので読んでみてください。

　「専門技術をもとうとする人々がその技術を知識の一分野として学ぶか、単なる商売の一手段として学ぶか、あるいはまた、技術を習得した後に、その技術を賢明かつ良心的に使用するか、悪用するかは、彼らがその専門技術を教えられた方法によって決まるのではなく、むしろ、彼らがどんな種類の精神をその技術のなかに吹き込むかによって、つまり、教育制度がいかなる種類の知性と良心を彼らの心に植え付けたかによって決定されるのです。人間は、弁護士、医師、商人、製造業者である以前に、何よりも人間なのです。有能で賢明な人間に育て上げれば、後は自分自身の力で有能で賢明な弁護士や医師になることでしょう。専門職に就こうとする人々が大学から学び取るべきものは専門的知識そのものではなく、その正しい利用法を指示し、専門分野の技術的知識に光を当てて正しい方向に導く一般教養（general culture）の光明をもたらす類のものです。確かに、一般教養教育を受けなくても有能な弁護士になることはできますが、しかし、哲学的な弁護士、つまり、単に詳細な知識を頭に詰め込んで暗記するのではなく、ものごとの原理を追求し把握しようとする哲学的な弁護士となるためには、一般教養教育が必要となります。このことは、機械工学を含むほかの有用な専門分野すべてについて言えることです。」（J.S.ミル著、竹内一誠訳、「大学教育について」13ページ）

（引用文献）
J.S.ミル著，竹内一誠訳，大学教育について，2011
安達千季，新井翔太，大久保杏奈，竹内彩帆，荻原広道，柳田真弘編　ゆとり京大生の大学論 教員のホンネ、学生のギモン，2013

2. 大学生として必ず知っておいてほしいこと

　私たちは社会の構成員として、より望ましい社会を築くために、これから大学での学びを通して、経験や知識を身に付けるとともに、行動の判断基準を研ぎ澄まし、応用実践していくことを期待されています。また、みなさん自身、将来の夢や希望を実現するためにこれからさまざまな事柄にチャレンジしていくことでしょう。そのような学びと成長の場としての大学には、さまざまなバックグラウンドを持った学生やスタッフが集っています。また、大学環境を支える周辺には閑静な住宅地が広がり、住民の方々が日々の生活を送っています。

　この節は、社会から厚い信頼を受けて自らのキャリアを切り拓く大学生として、多様な立場の人間が集う場で自らの行動規範をどのように定めるか、俯瞰的な立場から自らを捉えて行動するきっかけを提供します。

交通安全、特に自転車の利用について

　岡山大学に入学して最初に驚くのは、通学時の自転車の多さでしょう。平坦な土地が多く、気持ちの余裕があるときに、自転車のペダルを漕ぐのはとても気持ちのいいものです。しかしながら、授業の開始時間や終了時間の前後になると、周辺の道路や交差点は全体を塞ぐほどの交通量となり、時間の焦りや授業が終了した解放感と重なって事故を起こすリスクが高まります。通学時間帯にキャンパス周辺の歩道を歩いてみると、フルスピードで横をすり抜けていく学生、お互いに話をしながら並走してやってくる学生、イヤフォンで音楽を聴いたり、スマートフォンを見たりして周囲に注意が行き届いていない学生など、自転車の運転にヒヤッとさせられます。岡山大学では地域住民のリーダーの方々と年2回、意見交換を主とした懇談の機会がありますが、自転車マナーの悪さについては毎回のように話題にあがります。大学は、マナー喚起のチラシや季節によって警備員の配置などのできるかぎりの対応をしていますが、現状が大幅に改善されたとは言い難い状況です。最近では自転車が歩行者に対する加害の立場となり、高額の保険請求がなされる事例があります。自転車の利用者は、交通事故の被害者の立場に加えて、歩行者や高齢者に対して加害者になりうる可能性について認識を改める必要があります。

　全国的には平成26年6月から改正道路交通法が施行され、自転車の運転に関して、一定の危険な違反行為をして2回以上摘発された運転者は、公安委員会の命令を受けてから3ヵ月以内の指定された期間内に講習を受けなければならなくなりました。危険な行為としては、①信号無視、②通行禁止違反、③歩行者用道路における徐行違反、④通行区分違反、⑤路側帯の歩行者妨害、⑥遮断踏切の立入り、⑦交差点での安全進行義務違反、⑧交差点での優先車妨害、⑨環状交差点での安全進行義務違反、⑩一時停止違反、⑪歩道での歩行者妨害、⑫制動装置（ブレーキ）不良の運転、⑬酒酔い運転、⑭安全運転義務違反、などが挙げられます。もちろんルールを知ることとその遵守は最低限しなければならないことですが、交通参加者には多くの歩行者や、高齢者がいることを認識して、地域との共存という視点から日々の行動を振り返ってみましょう。また、自転車は目的地の近くまで移動可能な便利な乗り物ですが、駐輪場所についても考えてみます。写真2は一般教育棟の建物そばの様子です。移動時間を短縮するためにできるだけ教室の近くに駐輪したいのは皆が考えるところですが、車いす利用者のために設置されたスロープをふさいで

しまっています。これはキャンパス内に限らないことですが、障がいのある学生も学んでいるということを認識してください。

写真1. 大学近辺の交差点における通学風景
（大勢の学生が自転車で大学に向かう中、
高齢者が手押し車を押しながら横断している）

写真2. キャンパス内における駐輪風景
（多くの自転車が、障がいを持つ方等のために
設置されたスロープをふさいでいる）

飲酒と薬物乱用の問題について

　入学したみなさんはまだ20歳を越えていない人が大半かと思われます。未成年飲酒は法律で禁じられていますが、国内の大学生（未成年を含む）が一気飲みなどの急性アルコール中毒によって死亡する事件が後を絶ちません。特定非営利活動法ASK（アルコール薬物問題全国市民協会）のデータによれば、1983年から2015年までの33年間で少なくとも152名の学生（大学生、高校生、専門学校生等）が急性アルコール中毒等によって亡くなっています。その中の事例として、例えば、クラブ・サークルの歓迎コンパや合宿中などに起こった事件が挙げられますが、無理に飲むことが当たり前になっている伝統や、体調が悪くなったときに適切な処置がなされなかったことが背景要因に挙げられます。表1には、特定非営利活動法人ASKが実施しているアルハラ110番に寄せられた被害の実態をもとに、そこに共通して見られた固定観念をリスト化したものです。ひとつでも当てはまるものがないか、確認してみてください。また、アルコール代謝酵素の活性は遺伝的に決まっていますので、自分の傾向を大まかに知るために、大学生協などで実施しているアルコールパッチテストを利用してみましょう。

表1. アルコールによる危険度チェック （一つでもあてはまれば意識を改めよう）
特定非営利活動法人ASK ホームページ http://www.ask.or.jp/ から引用

1. 飲み会を盛り上げるために「イッキ」は必要	7. 乾杯は必ずアルコールですべきだ
2. 相手にアルコールを勧めるのは「礼儀」だ	8. 酔いつぶしても、吐かせるか寝かせておけば大丈夫だ
3. 訓練すればアルコールに強くなる	9. 女性がお酌するのは当たり前だ
4. みんなで酔っ払ってこそ連帯感が生まれる	10. 未成年でもほんの少しなら飲ませてもかまわない
5. 相手の本音を聞こうと思ったら、まず飲ませるのが得策	11. 「あのときは酔っていたから」と言い訳することが多い
6. 飲めない男性は、なんだか男らしくない	

　2008 年から 2009 年にかけて、全国各地で大学生の違法薬物事件が報道されて社会問題となりました。大麻、麻薬、覚せい剤といった薬物は各種の法律によって取り締まりがなされています。最近では、化学構造を似せて作られた危険ドラッグ（かつての名称は合法ドラッグや脱法ドラッグ）が、お香やハーブなどとして販売されてきましたが、改正薬事法によって、類似する化学構造を持つ物質については包括的に所持・使用等が禁止されています。また、岡山県危険な薬物から県民の命とくらしを守る条例が 2015 年 4 月 19 日から施行され、知事が指定する薬物について、その製造、販売、譲渡、所持、使用等を禁じています。薬物乱用とは、そのような違法薬物を 1 回でも使用することで、「乱用」とみなされるものであり、高校や大学をはじめとした薬物乱用防止教育がなされているところです。それらの依存性や後遺症についてここでは割愛しますが、友人や恋人に誘われて人間関係を優先して断りきれないといった態度を絶対に取らないようにしてください。

SNS の危険性について

　パソコンやタブレット、スマートフォンなどによる SNS（Social Networking Service）は、20代の利用率が 97.7％にも及ぶほどとても身近なものとなっています（総務省　平成 27 年度　情報通信白書）。これほどまでに身近にあり利便性の高い SNS ですが、その一方で危険性も孕んでいることを皆さんは知っておかなければなりません。例えば、以下のような点に注意しておきましょう。

　　① SNS 上の情報にはデマや不確かな情報が多くあります！

　　→いろんなことを書かれているけど、その情報の情報元は…

　　② SNS で自分の情報を漏えいさせてしまうことがあります！

　　→自分の名前や IP アドレスなどが相手に探られる恐れが…

　　③ SNS で自分自身を傷つけてしまうことがあります！

　　→ちょっとした書き込みがあとになってみれば…

　　④ SNS で他人の情報を漏えいさせてしまうことがあります！

　　→他人の写真や様々な情報を勝手にアップすると…

　　⑤ SNS で他人を傷つけてしまうことがあります！

　　→他人の誹謗中傷やいじりを書き込むことは…

偽装サークルについて

　岡山大学には校友会に所属するクラブやサークルや、それ以外にも自主的な活動を行っている学生団体が多くあります。正課外活動への参加は、自分自身の関心を深めたり、学内外の人たちと人間関係を構築したりすることで、学生生活をより充実させたものにします。しかしながら、本当の活動目的を隠して（偽装して）、一般的なスポーツ、音楽、ボランティア活動などの勧誘を行い、人間関係が親密になって気がついた時には、集団のもつ教義などから離れることができなくなるケースが、全国の大学で報告されています。1995 年のオウム真理教による地下鉄サリン事件をはじめとして、集団の反社会的活動とそれらに伴う被害についてはたびたびメディアにも取り上げられています。精神的にも、身体的にも、さらに経済的にも被害を受け、勉学の機会

が奪われてしまう場合や、家族や友人との絆が破壊されてしまう場合もあります。岡山大学は学生の思想・信条については関与しませんが、このような集団の活動に関わることで、人権侵害や人格破壊につながる恐れがあると認められる場合には、大学として対応することになります。また、時間をかけずにお金が儲かるなどのうまい話にも要注意です。みなさんにおいても、このような個人や集団から勧誘があったときは冷静に対応できるよう、「断り方」をイメージしてみましょう。

学生生活上、気をつけておきたいこと

学生生活上のリスクは、その他にも数多く挙げることができます。下宿をして新生活をはじめる学生も多いですが、例えば、窓や扉の施錠は確実に行っていますか？岡山大学の周辺でも、盗難や暴行を伴う侵入事件の被害が発生しています。周囲で事件が起こっても、自分だけは被害に遭わないという認知の歪みの特性を人間はみな持っています。岡山県警察くらしの安全WebMap（https://www2.wagmap.jp/op-webmap/Portal）では、過去1年間の犯罪や不審者情報の実態を地図上で把握することが可能ですので、どのような日時や場所で実際に発生しているか、いちどチェックすると良いでしょう。また、安全・安心の観点から、自分が住んでいる地域の防犯等の取り組みについて、回覧や掲示物などをチェックして関心を持ってみてください。

相談・支援窓口の活用について

岡山大学の学内には、悩みや不安があったり、トラブルに巻き込まれたりしたときに対応するさまざまな相談窓口があります。入学当初に配付される「学生生活ガイドキャンパスブック」や各学部の「学生便覧」等に記載のある学内の窓口は相互に連携していますので、どの窓口が適切かについて迷う必要はありません。また、学外にも相談・支援機関が設置されています。周囲に相談することや相談・支援窓口を利用することは恥ずかしいことではなく、学生生活や卒業後の人生を送るうえでも重要なスキルです。学生生活に伴う不安やリスクはつきものですが、うまく学内外のリソースを使いながら、充実かつ自立した学生生活を送ることを心から願っています。

(参考文献)
「大学における大麻・薬物問題とその対策」編集委員会編著，大学における大麻・薬物問題とその対策ガイドブック，2010

岡山大学の学生である私たちの信条
『学びに誠実であろう』

私たち岡山大学の学生は、
「高度な知の創成と的確な知の継承」
のために、常に学びに誠実であることを
信条とします

授業における
誠実さ

学びに誠実
であろう

試験における
誠実さ

レポート等に
おける誠実さ

Ⅰ．授業における誠実さ

―授業態度に関する注意―

私たちは、授業を受講する際、以下のことに注意して豊かな学びを創り出します

○私語は慎みます

○授業中の飲食は控えます

○確実に出席します（遅刻・代返などはしません）

○欠席時の連絡をします

○授業中は意欲的に学修へ取り組みます

Ⅱ．レポート等における誠実さ

―剽窃（他人のアイデアを自分のものとして使用すること）に関する注意―

私たちは、レポート等を論述する際、以下のことに注意して確かな学びを創り出します

○他人の意見や構想を、レポート・論文・発表等で、自分のものとして使用しません

○書籍、論文、インターネット上の資料（写真、絵、図、チャートなども含む）を、適切な引用や出典参照をしないで、写して使用しません

○書籍、論文、インターネット上の資料（写真、絵、図、チャートなども含む）を、適切な引用や出典参照をしないで、少しの言い換えやまとめによって自分のものとして使用しません

○他人の書いたレポートや論文、宿題などの課題を、自分のものとして使用しません

Ⅲ．試験における誠実さ

―不正行為に関する注意―

私たちは、試験に臨む際、以下のことに注意して確かな学びを創り出します

○代理（替玉）受験をしたり、させたりしません

○試験時間中に、使用が許可されていないノート及び参考書等並びに電子機器類その他不正行為の手段となり得る物品を参照すること又は使用しません

○試験時間中に、言語、動作又は電子機器類等により他人に教示すること又は教示を受けて解答に利用しません

○答案を交換しません

○試験時間中に、他の学生の答案をのぞき見しません

○試験時間中に、使用が許可されたノート及び参考書等並びに電子機器類を貸借しません

○所持品、電子機器類、身体、机又は壁等に書き込みをして試験に臨みません

○不正行為を幇助しません

○試験時間中に、不正行為の手段となり得る物品を机の棚板（物入れ）に置きません

○監督者の注意若しくは指示に従います

○その他、試験の公正な実施を妨げる行為をしません

3. グローバルな社会を生きる

(1) 岡大から"グローバル"へ？―年収200万UPのカギは「英語」だった

突然ですが、あなたは海外について考えたことがありますか？
「受験で英語が終わって安心している」「英語の教科書は捨てた」「日本が好きだから海外に行くつもりはない」「海外旅行などは高くて手が出ない」・・・というのが本音かもしれません。今日は"グローバル"について少し考えてみましょう。意外と、身近かもしれません。

【Work1：外国語について】

> ### グローバルと聞いて思いつく「外国語（英語含む）」について考えてみよう！
>
> Q1. 外国語ができなくても困らないと思う　　　　　　　　　　YES　　NO
> Q2. 自分の将来の仕事には外国語は必要ない　　　　　　　　　YES　　NO
> Q3. 外国語を話せる人は自分とは別世界の人だ　　　　　　　　YES　　NO
> Q4. TOEIC800点以上をとるには、血のにじむような努力が必要だ　YES　　NO
> Q5. 外国語は必要になってから勉強すればよい　　　　　　　　YES　　NO

さあ、NO がいくつありましたか？ NO が多い人は外国語の重要性に気付いているようですね。逆に YES が多い人は外国語とはなるべく触れたくない、という普通の日本人です。
プレジデント（2008年5月号）の「英語と年収」の関係についての調査で、TOEIC760点以上、TOEFL540以上、英語検定準一級以上を"英語ができる人"とすると、**「英語ができる人の年収は、同世代の平均的な年収よりも高い」**という結果が報告されました。その差は209.4万円です。

　もちろん、この年収差の全てが"英語力"の対価ではありませんが、英語が収入 UP の1つの要素になっていることは間違いありません。実際、採用や昇格に際して一定の英語力を条件としている企業は珍しくありませんし、今後この傾向はますます増えるでしょう。
　「入学したばかりなのに、また勉強か」と落胆する前に次の質問です。

【Work2：海外について】
◎あなたの思う「グローバルな人」を書いてみよう？？
　　　（例：どんな仕事をしている？　どんな能力？　どんな考え方？）

◎グローバル社会で活躍するのが難しい理由とは・・・・

　今まで日本で普通に生活してきたあなたが「グローバルな人」になるためには、次の４つのハードルがあります。

　　① **語学**（英語が嫌い＆苦手、英語は単位が取れればいい）

　　② **カルチャー**（外国のことを知らない、外国人に対してネガティブな印象がある）

　　③ **能力**（海外に適応できない、友達ができない、枕が変わると眠れないなど）

　　④ **アイデンティティ**（自分が分からない、どうしたらよいかわからない、興味がない）

　どうやら、グローバル人材に必要な要素は、英語だけという話でもないですね。

実はこれらのハードル**は体験すること**によって超えられます！社会人になると時間的制約、社会的プレッシャーが大きくなるため、色々なことにチャレンジできる学生の**「今」がチャンス**です。

　では、グローバルな体験といってもそもそもどんなものがあるの？

と、その前に！そうは言われても、自分の今の状況を知らなければ先に進めないので…

【Work3：グローバル検定】

◎**あなたのグローバル度チェック！！**

Ｑ１．	行ってみたい国／地域がある	YES	NO
Ｑ２．	将来やりたいことが決まっていない	YES	NO
Ｑ３．	外国語ができたらいいと思う	YES	NO
Ｑ４．	新しいもの好き	YES	NO
Ｑ５．	話すことが好き	YES	NO
Ｑ６．	食べることが好き	YES	NO
Ｑ７．	色々な人と友達になりたい	YES	NO
Ｑ８．	洋楽またはスポーツが好き	YES	NO
Ｑ９．	英語が好き	YES	NO
Ｑ10．	学生時代に外国語をマスターしたい	YES	NO

　　YES の数をチェック　　Ｑ１～７で＿＿＿＿＿個、Ｑ８～10で＿＿＿＿＿個

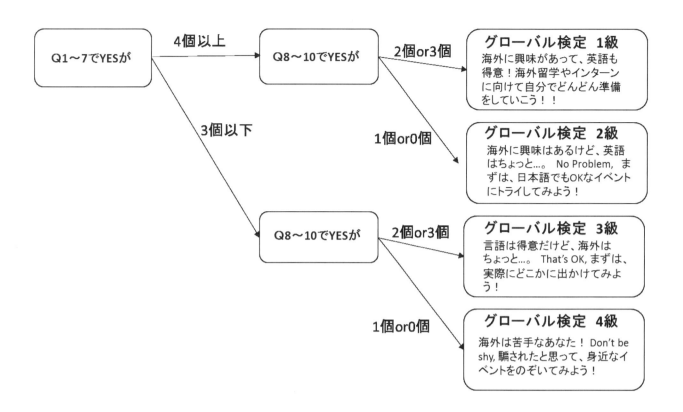

【Work4：やってみたいことを探そう！】

　今すぐやってみたいことに☑、今後やってみたいことに○をつけよう

STEP1：超お手軽！海外を知ろう！　　¥0〜　1時間〜　英語不要

　□近くの外国レストランに行ってみる

　□ガイドブックを立ち読みする。生協で海外旅行のパンフレットをもらってくる

　　　　世界は思ったより広い。こんなのあったんだ！ときっと思います

　　　　時間のある学生のうちにどこかに一度は海外デビューしたくなる？

　□グローバル人材育成院の各種説明会に参加する。メーリングリストに登録する

　　　　語学研修、グローバル研修などの案内が送られてきます

　　　　　　問合せ先：一般教育C棟一階国際部留学交流課

　□岡山/倉敷市や県のイベントに参加してみる

　　　　岡山も、思ったよりも世界とつながっています

　□岡山大学「留学のススメ」を読んでみる

　　　　留学にいった先輩の体験談がたくさん載っています

STEP2：グローバルへの第一歩! 岡山でやってみる!　　¥0〜　1時間〜　中学生程度の英語力

　　　　□ L-café（一般教育 A 棟別館　一階）に行ってみる

　　　　□授業、L-café、大学生協、その他のイベントで留学生に話しかけてみる

　　　　□交換留学生のバディ（ボランティア）をやってみる（募集時期：1月と7月）

　　　　　　　　　　問合せ先：一般教育 C 棟一階国際部留学交流課

　　　　□気になる国／地域に関係する授業を履修する

　　　　□ L-café のイベントに参加する

STEP3：パスポートが要る、グローバル体験!　　¥100,000〜　1 week 〜　高校生程度の英語力

　　　　□岡山大学のスタディツアーに参加する（10日前後、単位をとれるのもあり）

　　　　□趣味や特技を身に付ける、おけいこ留学に行く（大学生協、旅行代理店）

　　　　□外国語を学ぶ、語学研修に参加（岡大主催は、アメリカ、イギリス、オーストラリアなど）

　　　　□海外ボランティアに挑戦する

STEP4：ガッツリ海外、人生が大きく変わる!　　¥250,000〜　1 month 〜　TOEFL, IELTS

　　　　□岡山大学交換留学（EPOK、学部間交流、ODAPUS、MRI など）

　　　　□海外長期インターン（IAESTE、その他）

　上に紹介したのは一例です。身近なリソースを使って、いろいろリサーチしてみよう。

◎今後、4年間の目標と行動計画をつくろう!!
○将来の夢や目標：

○英語力の目標：

　　　　□塾で教えられるレベル　　　　　　□海外旅行での会話レベル

　　　　□日常生活での会話レベル　　　　　□仕事上の文書・会話レベル

○外国語（　　　　　　　　語）の目標：

　　　　□塾で教えられるレベル　　　　　　□海外旅行での会話レベル

　　　　□日常生活での会話レベル　　　　　□仕事上の文書・会話レベル

○ 1 年生前期の行動計画：

___

○大学 4 年間の行動計画：
　卒業までに STEP＿＿＿＿＿までクリアする

（2） より自由に、なりたい自分になるために "Go Global！"

　私は岡山大学で 8 年にわたって学生のグローバル化に取り組んできました。その経験をたった二つのポイントに凝縮するなら以下の二点になります。

① 異文化の環境に身を置けば・・・頭脳と精神が逞しくなる！！
　　（例：外国人と吉備路巡りをしていて、「お地蔵さん」について尋ねられて、困った！日本人同士なら誰もそんなこと話題にもしないのに・・・）
② 日本で（日本人として）逞しく生きていくためにこそ！！
　　（全員に国連職員や外交官になりなさい、外資系や NGO に入って海外で働きなさいと言っているわけではない、日本でまっとうに暮らしていけるためにこそ！）

　要するに、「若い時代に外国を、異文化を経験しなさい」ということ。より詳しくは拙著『国際学入門マテリアルズ』（岡山大学出版会）参照。
　以下に、大学が提供するプログラムを最大限利用して、自らをグローバル化することに成功した事例を掲げます。皆さんに是非、彼の真似をして欲しいです。

小川秀樹（現：千葉大学教授）

高井智光君の事例：大学の国際プログラムが私をグローバルにしてくれた！

　みなさんこんにちは。岡山大学経済学部経済学コース 4 年生の高井智光です。岐阜県関商工高等学校出身です。今回は私が学部時代に経験してきた海外体験について書かせて頂きたいと思います。
　大学 2 年生時に行ったタイ、カンボジアを始めとし、これまでにシンガポール、アメリカ、パレスチナ、中国、韓国、インドに行くことが出来ました。そのうちアメリカは EPOK（岡山大学の交換留学制度）を利用して、2013 年 8 月から 2014 年 6 月まで California State University Fullerton に 1 年間留学し、インドでは 2014 年 12 月から 15 年 2 月にかけて経済産業省の国際即戦力インターンシップ事業を通し、インドで Microfinance のパイオニアである Basix という企業で 3 ヶ月間のインターンをしてきました。また、アメリカ留学中の 2013 年 11 月にはパレスチナの政府主催のイベント、Palestine Week に参加した時にはパレスチナの大統領であるモハメド・アッバス議長にもお会いできました。

ことの始まりは、大学2年生時に参加した岡山大学国際センター（現：グローバル人材育成院）の小川秀樹先生がつくられたプログラム、タイとカンボジアに行き国連、JICA、NGOの機関を訪ね、現地で活躍される日本人の方にお会いし、現地の学生とも交流する機会を持てたことが大きかったように思います。同じプログラムに参加しておられた先輩方で、既に交換留学に行かれた方々が流暢に英語を使いこなしている姿に強く憧れると共に、海外で出会った日本人の方々が、厳しい現実のなかで逞しく活動されている姿にとても感銘を受け、「自分もこの方々のようになりたい！」「世界で働きたい！」と思ったものです。

　とは言ってもすぐに海外に行けるほどの軍資金を持ち合わせていたわけでもなかったので、タイ・カンボジアから帰ってきた後に交換留学制度のEPOKに応募するためにTOEFLの勉強を始め、興味のあったNGOの活動としてアフリカ支援のためのTICAD Vの活動に岡山で参加しました。

　もともと英語が得意であったわけではなかったためにTOEFLの勉強はとても苦労しました。どれだけ勉強しても伸びが感じられず、また、同じ年度にEPOKに応募したメンバーの友人たちが早々とTOEFLの必要なスコアを取っていくのを横目で見ながら、もう諦めた方がいいのではないかと何度も思いました。石にかじりつく思いで勉強し、なんとか校内選考を突破し、JASSOからの奨学金が支給されることが決まったときはとても嬉しかったのを覚えています。今思うとあの時に諦めなくて本当に良かったと思いました。

　大学1年生の頃からEnglish Café（現：L-Café）に行き、留学生とよく交流していたつもりだったので、アメリカでは初めの学期から難しい授業を取りすぎて、毎日必死になりながら勉強した日々を今でも覚えています。最初は成績が悪くて2学期目を履修することが出来ずに日本に返されるかとも思いましたが、結果的には日本で取ってきた成績よりもよい成績をとることが出来ました。この経験のおかげで自分が思っていた限界は本当に限界なのではなく、自分が限界だと思って決め付けていたものに過ぎないのだと感じました。

　交換留学から帰国し、留学経験者向けの就活セミナーに参加した後、もう少し海外で挑戦したいと考えていました。そんな中、国際センターの先生が経産省のインターンシッププログラムについて教えてくださり、すかさず応募しました。インド企業だったので、毎日インド人社員に囲まれての仕事は楽ではなかったですが、時が経つに連れ、仕事にも慣れ、とても有意義な時間を過ごさせていただきました。一番の収穫は日本の外で働くときにどのような能力が必要とされ、どのようなコミュニケーションを取るべきなのかが具体的にイメージ出来るようになったことです。

　大学に入ってから、これまでもちろん想像もできなかったのですが、多くの海外経験をさせていただきました。それまでは、海外に行くとなると「お金がかかる」と思っていたので、自分がこれだけ海外に行けることになるなど夢にも思っていませんでした。当時よく「自分はお金がないから海外に行けない」と言い訳をしていたのをよく覚えています。インドでインターンしている間にはクラウドファンディングを利用して自分の夢を追いかけて世界一周をしている日本人を3人もみることが出来ました。インターネットの発展と共に資金集めも容易化し、「お金がないから○○できない…」というのは言い訳になり得ない日が来ているのだなと感じました。自分の

場合、パレスチナに行けたのは TICAD V の活動を通して知り合った経営者の方がパレスチナ政府のアドバイザーの方とつなげて下さったからであり、インドに行けたのは国際センターの先生がインターンシップの情報を教えて下さったからでした。そのため、情報収集はインターネットだけでなく、人から得る情報も大変重要なものだと思います。

　今では岡山大学はスーパーグローバル大学に採択され、交換留学先の大学枠が拡充し、日本学生支援機構のトビタテ！留学 JAPAN などのような留学用の奨学金制度が充実しています。「お金があるかないか」ではなく、自分で情報を収集し、いかに行動するかによりチャンスをものにできるかできないか、という状況になってきていると思います。

　かけがえのない学生生活の過ごし方は各個人が責任を持って決めることだと思いますが、岡山大学からより多くの方々がチャンスをつかみ、希望を持って世界で挑戦出来るようになることを願っております。自分のように高校時代はサッカーに没頭するために実業高校を選び、あまり熱心に勉強して来ずに推薦入試で岡山大学に入学した者でも、留学し、海外インターン出来たことを考えれば、より能力を有する岡山大学の学生の方々にはもっと可能性があるはずだと思っています。

　私は幸運にも IT、監査、コンサルティングなど、多くのグローバル企業から内定を頂くことが出来ました。岡山大学時代に体験した海外経験なくしてはあり得ないことに出会ったと感じております。しかし、内定はゴールではなく、新たなスタートです。これからもグローバルで活躍できる経済人となるために挑戦を続けていきます。留学や海外体験は多くある学生生活の選択肢のうちの一つであると思っています。皆様がそれぞれに考えられた方法で最高の岡山大学生活を送られることを願っております。

高井智光　（2015 年 9 月 30 日　岡山大学経済学部卒業）

X. 海外で安全に生活する

(1) 海外は危ないのか？

海外からのニュースに目を通すと、民族紛争、爆弾テロ、反政府デモなどの記事が毎日のように掲載されています。一方、社会のグローバル化とともに年々海外へ出国する日本人の数は増えています。日本政府観光局によると、2003 年に海外に出国した日本人は1,330 万人でしたが、2018 年には 1,895 万人となり、15 年の間に 1.4 倍増加しています。これら海外へ行く人たちの多くは、事件に巻き込まれるのでしょうか。

出国日本人数の推移

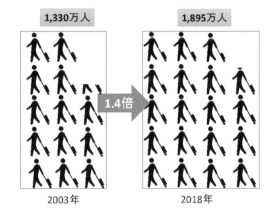

出典：日本政府観光局（2019）

(2) 渡航先のことを十分に調べる

「海外での事件」を聞くと、世界中どこでも危ないと勘違いしてしまうかもしれませんが、そのようなことはありません。報道されている事件や事故も、一部で発生している場合がほとんどです。また、同じ国でも、治安のレベルは地域によって異なります。よって、渡航前に、まずこれらの情報を調べる必要があります。各国の治安レベル、現地での生活に関しては、外務省や各国の公的機関などが情報提供しています。以下、代表的なものを紹介します。

---

① 外務省 海外安全ホームページ　https://www.anzen.mofa.go.jp/
② NHK World 海外安全情報　https://www3.nhk.or.jp/nhkworld/anzen/
③ Travel Advisories – Travel.State.Gov（米国）
　　https://travel.state.gov/content/travel/en/traveladvisories/traveladvisories.html/
④ Foreign travel advice – GOV.UK（英国）　https://www.gov.uk/foreign-travel-advice
⑤ Smartraveller.gov.au（オーストラリア）　https://smartraveller.gov.au/

外務省が国別に発行している「安全の手引き」は、渡航先の治安状況や危機管理対策が説明されており、有益な情報が多く記載されています。その他、渡航先では、最新の治安情報を受け取るために、3 か月未満の滞在の場合は外務省海外旅行登録「たびレジ」、3 か月以上滞在する場合は在留届電子届出システム「ORRnet」に滞在予定を登録してください。

例えば、滞在先で反政府デモが予定されている場合、「たびレジ」や「ORRnet」から対象地域に近づかないこと等、注意喚起の一斉メールが届きます。また、選挙等で治安状況が悪化しそうな時にも、メールが届きます。滞在中は、それらの情報をもとに慎重に行動をしてください。被害にあった場合は、保険会社、大学関係者、現地の在外公館、日本の家族にすぐに連絡をすることを忘れないようにしましょう。

（3） 自分の身は自分で守る

　海外では日本と違った危険が待ち構えています。日本で生活している時と同じ意識では、被害にあう可能性が大です。よって、意識を「海外モード」に切り替えましょう。このような意識の切り替えが、被害を防ぐことになります。心構えの基本は「自分の身は自分で守る」ということです。加えて、普段から以下のようなことに気を付けて行動しましょう。

① 見知らぬ人を安易に信用しない。

② 多額の現金・貴重品を持ち歩かない。常に所持品に気を配る。

③ 目立つ服装、目立つ行動を避ける。

④ 慣れない場所では、暗くなってから必要以上に出歩かない。

⑤ 不審者、不審物に近づかない。興味本位で事件の現場に近寄らない。

⑥ 注意喚起が出ている場合、人が集まる場所（繁華街、宗教施設等）に近寄らない。

⑦ 生命を第一に考え、強盗などの犯罪にあっても抵抗しない。

（4） 海外渡航者の被害の多くは軽犯罪

　海外には、日本人保護や外交のために 200 以上の在外公館（大使館や領事館）が設置され、250 以上の国々をカバーしています。外務省の報告によると、2017 年に世界中の在外公館が行った日本人の援護件数は 19,078 件。その内、上位 3 件は「所在調査」（33.3％、6,583 件）、「窃盗被害」（19.3％、3,676 件）、「遺失・拾得物」（18.1％、3,456 件）でした。

　つまり、「うちの息子から連絡がないので探してください」、「物を盗まれました！」、「物をなくしました」という事件で約 7 割を占めます。私達が「海外での被害」と聞いて想像する「詐欺被害」（1.7％、320 件）、「強盗被害」（1.4％、270 件）、「傷害・暴行被害」（0.4％、82 件）に関

海外邦人援護件数の事件別内訳
(2017)

出典：外務省（2018）

しては、全体の 3.5％となっています。これらの件数は、2017 年に海外へ渡航した日本人 1,789 万人からすると、割合としてはかなり低い値です。しかし、被害を報告しないケースも多々あると考えられるので、実際には報告された件数以上の被害が発生していると推定されます。特に、窃盗被害や詐欺被害に関しては、その傾向が強いと思われます。

(5) ターゲットにならないために

「日本人はお金持ち」、「日本人は大人しい」、「日本人はガードが甘い」と思っている窃盗のプロは多いです。強調します。日本人旅行者を騙したり、物を盗んだりする人々は、プロであり、それで生計を立てている人がほとんどです。空港、観光地、ホテルのロビー、駅、バスターミナル…プロは、旅行者のスキを狙っています。

海外では「盗まれるほうが悪い」「騙されるほうが悪い」というフレーズも耳にします。「盗みたくなるような…」「騙したくなるような…」状況を作り出してしまう方が悪いという理屈です。防犯の第一歩として、ターゲットにならないように準備をしておくことが大切です。

(6) 【事例研究】気が付いたら XXX がなかった

以下の事例について、隣の人と「渡航中、どのようにして盗まれたのか？」考えてみてください。

① 警察官に呼び止められ、パスポートを提示した。数分後、エスカレーターに乗ったところ、後ろの男性がつまずいて、体ごとのしかかってきた。男性は、「Sorry」と言って謝り、その場を立ち去った。ホテルに戻るとパスポートがないことに気が付いた。

② 市場を歩いていると、「ジャケットの背中に何かついているよ」と簡単な英語で言ってきた。よく見えないので、肩掛けカバンを下し、ジャケットを脱いでみたら赤い液体がついていた。気が付いたら、肩掛けカバンがなくなっていた。

③ 地下鉄に乗ると、後ろから若者グループも一緒に乗り込んできた。彼らは周りを取り囲み、早口で何かを話しかけてきた。呆気に取られていると、次の駅でグループ全員が下車した。気が付くと、カバンのチャックが開いており、財布がないことに気が付いた。

④ 地方都市で一番高級なホテルに泊まったので、安心して財布をベッドの上において朝食に行った。戻ったら、財布はあったが現金が一部抜き取られていた。

(7) もし被害にあってしまったら・・・

窃盗などの被害にあったら、現地の警察に連絡し、盗難証明書（Certificate of theft）を発行してもらってください。パスポートの再発行や保険の請求時に必要になります。クレジットカードの紛失・盗難に気が付いた場合は、すぐにクレジットカード会社に連絡し、無効化の手続きをしてください。パスポートを失くしてしまった場合は、最寄りの日本大使館、総領事館に連絡し、再発行の手続きを速やかに行ってください。保険会社では、トラブル支援もしているので相談窓口の連絡先を控えておくこと。

（8）薬物事件に巻き込まれないために

　海外では薬物事件も無視できません。事件に巻き込まれる事例として、大きく二つに分けることができます。一つは、渡航の際、薬物の「運び屋」にされてしまうケース。もう一つは、滞在中、薬物を摂取している人の近くにいて、逮捕もしくは誤認逮捕されてしまうケースです。

　運び屋のケースに関しては、決して知らない人から荷物を預からないこと。知っている人から「プレゼントだから」と言って渡されても、内容物がよくわからない場合は注意が必要です。自分に落ち度がないと思っても、見つかった場合は、「密輸」として重い罪で厳しく処罰されます。

高額アルバイトに注意

　インターネットを通じて高額報酬をうたい、違法行為に加担させる「闇バイト」。甘い気持ちで誘いに乗り、薬物の運搬を依頼され、摘発されるケースが後を絶ちません。携行品の中身を知らなくても「知らなかった」ではすみません。日本では、輸入してはならない貨物を持ち込んだ場合、10年以下の懲役若しくは3,000万円以下の罰金となっていますが、中国、インドネシア、タイ、ベトナム、マレーシア、インド、バングラデシュなどのアジアの国々をはじめ、中東の多くの国々では極刑に処されることもあります。

　薬物摂取に関して、被害に巻き込まれやすいのは大麻です。欧米の留学先では、大麻を吸引している状況に出くわすこともあるかもしれません。海外では非合法であっても、通常は取り締まりの対象外になっている国もあります。しかし、警察が踏み込んできた時は、吸引している人と一緒に逮捕されてしまう可能性もあります。よって、大麻を吸引している人を見たら、その場から離れ、大学や宿泊施設の関係者と対策をとってください。また、言うまでもなく、薬物には絶対に手を出してはいけません。海外で合法であっても、日本の法律が適応され刑罰の対象になります。

（9）健康状態を良好に保つために

　日本ではほとんど心配ない感染症や風土病に注意しなくてはならない地域もあります。渡航先の衛生・医療事情に関する情報については、以下のHPを参考にしてください。

---

① 外務省 世界の医療事情　https://www.mofa.go.jp/mofaj/toko/medi/
② 厚生労働省 検疫所　FORTH 海外で健康に過ごすために
　　　　　　　　　　　　　　　　　　https://www.forth.go.jp/index.html
③ 国立感染症研究所（NIID）感染症疫学センター
　　　　　　　　　　　　https://www.niid.go.jp/niid/ja/from-idsc.html

　予防接種や対策が必要な場合は準備をしてください。予防接種を複数受ける必要がある場合は、接種スケジュールを立てる必要があります。種類によっては、数回に分けて接種するケースもあり、1か月以上かかる場合もあります。よって、早めに医療機関にコンタクトを取ってください。

　渡航後、快適な生活を送るためには、健康状態を良好に保つ必要があります。疲れていたり、

睡眠時間が少なかったりすると、抵抗力が下がり、体調を崩しやすくなります。よって、早めに休むなど、無理をしないことが大切です。短期旅行の場合は、無理のないスケジュールを立てましょう。医者に診てもらう必要があるときは、宿泊先、大学、保険会社に連絡し、対応してください。持病のある人は、英語の処方箋を携帯し、英語で病状を説明できるように準備をしておくことが必要です。

（10）海外旅行保険加入のススメ

「自分は被害にあわないだろう…」と思うのは危険です。海外旅行保険に加入していなかったために、病気やケガによる医療費や移送費、盗難被害、他人の物を壊してしまった場合の賠償責任など多額に支出を強いられてしまうケースが多々見られます。よって、出発から到着までをカバーする海外旅行保険には必ず加入しましょう。また、出国後は加入できないので、注意してください。

（11）出発の前に・・・

パスポートのコピー、クレジットカードの情報、海外旅行保険の緊急連絡先番号、航空券のＥチケット番号など、重要な情報は控えておくこと。そして、家族や友人に旅行日程や滞在先を知らせておくとともに、旅行中も定期的に日本の家族には連絡を入れることが大切です。また、日本から連絡がとれる携帯電話を持参することをお勧めします。また、大学のプログラムとは関係がない個人的な旅行であっても、旅行日程等を記入した「渡航届」を所属学部に提出してください。

海外渡航に関する「意識」と「知識」を持ち、
有意義な海外生活を！

4. 大学での学びと図書館の活用

(1) 大学での学びとは

まず、"大学での学び" とはどういったものでしょうか？

これまで皆さんは、授業を受け、出題された問題の正しい回答や公式を覚えるというような、受け身の学習を中心にされてきたのではないでしょうか？

大学では既存の研究成果を学んだ上で、自分自身の「問い」（研究テーマ）を自ら設定し、解決する（根拠に基づいた自分なりの答えを出す）ことが求められます。授業を受けて覚えるだけでは不十分で、授業時間外の自学自習もとても大切です。

自ら問題を発見し、試行錯誤して、解決するための典型的な課題として、「論証型」のレポート課題が課されることもあります。

☆論証型レポートとは

与えられた課題について、自身でテーマを設定し、自分の意見を論証する。自分の意見の根拠となる事実を、資料調査を行い収集し、論証を組み立てるレポートです。

問題提起（テーマの設定）、自分の意見（問題提起に対する結論）、論証（結論に対する根拠のある論証）が必須の要素となります。

〈論証型レポート作成の流れ〉

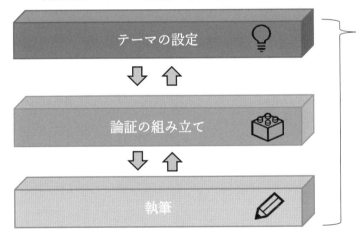

自ら問題を発見し、試行錯誤して、解決するという訓練は、大学にとどまらず社会に出てからも大いに役立ちます。「高等教育のための情報リテラシー基準」（国立大学図書館協会）によると、情報リテラシーとは「課題を認識し、その解決のために必要な情報を探索し、入手し、得られた情報を分析・評価・整理・管理し、批判的に検討し、自らの知識を再構造化し、発信する能力」と定義しています。これは論証型レポート・論文作成の流れと全く同じであると言えます。岡山大学附属図書館は、学生の皆さんがこういった能力を身につけるサポートをしたいと考えています。

(2) 大学図書館の活用

1. 岡山大学附属図書館利用の基礎知識（中央図書館・鹿田分館・資源植物科学研究所分館）

　岡山大学附属図書館は中央図書館・鹿田分館・資源植物科学研究所分館の3館で構成されています。中央図書館は津島キャンパスにある一番大きな総合図書館、鹿田分館は鹿田キャンパスにある生命科学系（医学・歯学・保健科学など）の専門図書館、資源植物科学研究所分館は倉敷キャンパスにある農学系の専門図書館です。岡山大学の学生はどの図書館も利用することができます。（資源植物科学研究所分館の図書を借りるには、中央図書館または鹿田分館から申し込む必要があります）

○入退館（共通）

　学生証を入館ゲートにタッチして入館します。学生証が手元にない場合はカウンターの職員に申し出てください。

　退館時は出口ゲートを通ります。貸出手続きをしていない資料を持って出ようとするとアラームが鳴り、ゲートがロックされます。その場合は職員の指示に従ってください。

○開館時間

中央図書館

　授業期間：8：00〜23：00　　　　　　　（土日祝）10：00〜18：00

　休業期間：9：00〜19：00（17：00）　　（土日祝）休館

　※入学試験日、館内整理日（不定期）、年末年始、夏季一斉休業日は休館。

鹿田分館

　授業期間：9：00〜21：00　　　　　　　（土）10：00〜17：00

　休業期間：9：00〜17：00　　　　　　　（土）10：00〜17：00（8月は休館）

　※日曜、祝日、年末年始、夏季一斉休業日は休館。館内整理日（不定期）は17時から開館。

　※鹿田地区所属の学生・大学院生は学生証を利用して24時間入館が可能です。

　※新型コロナウイルスの影響により、開館時間や休館日が変更になる場合があります。詳しくは岡山大学附属図書館ウェブサイトの開館予定表をご確認ください。

　https://www.lib.okayama-u.ac.jp/services/hours.html

○貸出／返却

中央図書館

　貸 出 冊 数：10冊まで（図書・雑誌の内訳は問わない）

　貸 出 期 間：図書は14日間、雑誌は3日間

貸出手続き：貸出・返却カウンター・図書自動貸出機にて（要：学生証）

返却手続き：貸出・返却カウンターに返却してください。開館時間外はブックポストへ返却できます（CD/DVD は除く）

貸 出 予 約：貸出中の<u>図書</u>の**予約が可能**です。図書館ウェブサイトの**マイライブラリ**から予約することができます。

延 滞 罰 則：返却期限日を過ぎて返却すると、延滞日数と同じ日数の貸出停止となります。

鹿田分館

貸 出 冊 数：5 冊まで（図書・雑誌の内訳は問わない）

貸 出 期 間：図書は 14 日間、製本雑誌は 7 日間、未製本雑誌は当日のみ

貸出手続き：貸出・返却カウンター・図書自動貸出機にて（要：学生証）

返却手続き：貸出・返却カウンターに返却してください。休館日はブックポストへ返却できます（CD／DVD は除く）

貸 出 予 約：貸出中の<u>図書</u>の**予約が可能**です。鹿田分館カウンターで手続きが必要です。

延 滞 罰 則：返却期限日を過ぎて返却すると、延滞日数と同じ日数の貸出停止となります。

☆中央図書館・鹿田分館ともに、パソコン付近を除いて、水筒・ペットボトルなどの密閉容器であれば持ち込み・飲用可能です。食事はお菓子などの軽食であっても禁止しています。

2. 岡山大学附属図書館資料の探し方
○蔵書検索（OPAC）

　岡山大学附属図書館ウェブサイトのトップページに蔵書検索システム（OPAC）の検索窓があります。インターネットを利用できる環境であれば、どこからでもキーワードを入力して検索することができます。

　岡山大学附属図書館ウェブサイト→　https://www.lib.okayama-u.ac.jp

〈図書の場合〉

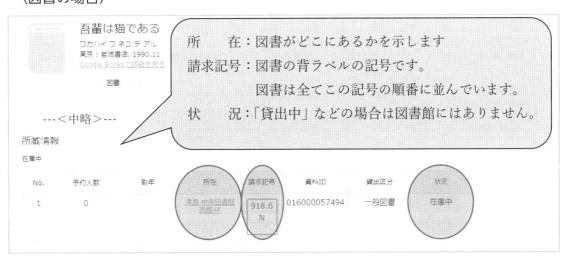

〈雑誌の場合〉

※所在が中央図書館書庫〇階となっている場合は、貸出返却カウンターにて書庫所在資料請求票で資料の取り出しを申し込んでください。翌開館日朝10時以降の受け取りです。

※探す資料を特定できていない場合は、館内マップを参考に、該当する分野の資料コーナーへ行って探してみましょう。

○電子資料（電子ジャーナル・電子ブック・データベース）

・電子ジャーナル：岡山大学附属図書館ウェブサイトの岡山大学契約電子ジャーナル一覧から検索して利用することができます。蔵書検索システム（OPAC）では検索することができませんので注意してください。

・電子ブック：蔵書検索システム（OPAC）で検索することができます。

・データベース：岡山大学附属図書館ウェブサイトのデータベースにある一覧から利用することができます。

例）新聞記事を探す：「聞蔵Ⅱ」（朝日新聞）、「ヨミダス歴史館」（読売新聞）

　　雑誌論文を探す：「Web of Science」「医中誌 Web」「JDream Ⅲ」など

　　辞書・事典を調べる：「JapanKnowlege」

※この他に無料で利用できる有用なデータベースも、岡山大学附属図書館ウェブサイトの学習サポートでご紹介しています。

https://www.lib.okayama-u.ac.jp/support/index.html

☆学外から電子資料を利用するには

　岡山大学で契約している電子資料は、基本的に学内ネットワークからのみ利用することができます。学外からこれらの電子資料を利用するには① VPN による利用、② Shibboleth 認証（学認）による利用の２種類の利用方法があります。

　詳しくは岡山大学附属図書館ウェブサイトの学外から利用可能な電子ジャーナル／データベース／電子ブックでご紹介しています。

https://www.lib.okayama-u.ac.jp/resources/ejdb_offcampus.html

3. 岡山大学附属図書館の施設・設備

　岡山大学附属図書館には、皆さんの学修支援のための設備や施設も充実しています。

　※新型コロナウイルス感染症対策のため、一部、本来の利用を停止している場合があります。

ラーニングコモンズ（中央図書館本館 1F 〈OG Wellness SALON〉、鹿田分館 1F）
可動式の机や椅子、ホワイトボードがあり、自由に議論しながら学修するスペースです。

グループ学修室（中央図書館本館 3F）／セミナー室（中央図書館本館 3F、鹿田分館 2F ／ 3F）
グループで利用できる部屋です。カウンターでの利用申し込みが必要です。

リフレッシュスペース（中央図書館本館 1F）／カフェ（鹿田分館 1F）
学修の休憩やリフレッシュのためのスペースです。

おわりに

　大学で学修を進めていく上で岡山大学の図書館は、開館時間も長く、資料や設備も充実していて、情報収集から課題の完成までサポートする施設です。また、飲み物を飲んでゆっくり過ごしたり、展示を見たり、ブラブラ書架を眺めては立ち読みをしたりと、ちょっと立ち寄るのに適した施設でもあります。

　皆さんが図書館を大いに利用して、これからの学修活動、学生生活を充実したものにしてくださるように期待しております。図書館が大学での居場所の一つとなれば幸いです。

第Ⅱ章
あなた自身を守るために知っておくべきこと
セルフマネジメント編

1. 大学生活を安全に送るために

(1) 大学生活の始まり

　新入生の皆さん、入学おめでとうございます。皆さんの多くは小学校6年、中学校3年、高等学校3年の12年間を経て、大学に入学されたことと思います。これまでの初等中等教育の期間中、保護者等の庇護の元で生活し、学校では、勉強だけでなく生活指導も受けていたと思います。大学はこのような初等中等教育の環境とは全く異なり、戸惑うことも多いかもしれません。また、不慣れな土地、不慣れな人間関係、不慣れな環境で一人暮らしを始めた人は心細いことも多々あると思います。一方で、大学は、学生の悩みや問題を解決するための様々な支援を用意しています。保健管理センターや学生相談室、各種相談窓口等があります。また、指導教員もサポートします。新入生の皆さんは、それらを活用して、社会に漕ぎ出すために必要な一般教養や専門知識を習得するよう自己研鑽に励んで頂きたいと思います。

(2) 大学生活における事件・事故の可能性

　大学のキャンパスは誰でも出入りできる開放的な構造をしていることから一般社会とほぼ同じ環境であると考えて行動する必要があります。図1は平成29年度から令和元年度までに提出された岡山大学における事件・事故報告の集計結果です。教職員並びに学生を合わせた数字ですが、各年度とも最も発生件数が多いのが交通事故で、学外での通勤・通学中も含みます。また、学生に関しては、実験・実習中の事故並びに課外活動中の事故が比較的多くなっています。大学の課外活動は学生だけで行動することも多く、注意が必要です。この図では示しませんが、事件・事

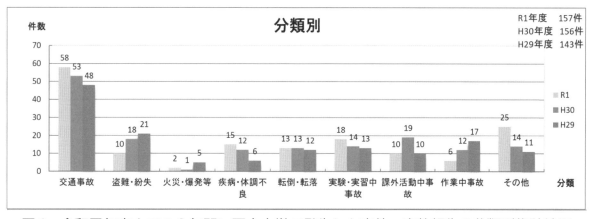

図1. 令和元年度までの3年間に岡山大学で発生した事件・事故報告の分類別集計結果
（安全衛生部集計）

故が発生する場所は、津島62%、鹿田19%、その他（学外含む）19%の比率で、当事者の比率は、学生63%、教職員34%、その他3%でした（令和元年度）。事件・事故の発生は津島キャンパスと学生での比率が多く、気をつけて行動して下さい。

（3） 教育研究活動での安全確保

　大学での学習は講義室の座学だけではなく、実習や実験等があります。特に理工系の学部等では、化学物質、放射線、生物試料、実験装置、極限環境などの使用やばく露機会があり、安全と衛生に十分配慮して行動する必要があります。また、医療系学部では感染性試料によるばく露の可能性もあります。実験に用いる化学物質には毒劇物や危険物などがあり、その取り扱いに注意が必要です。現在市販されている化学物質は、その容器に危険有害性を示す絵表示があります（図2）。これは「化学品の分類および表示に関する世界調和システム（The Globally Harmonized System of Classification and Labelling of Chemicals: GHS）」に基づくもので世界共通の絵柄となっていて一目でその危険有害性の種類がわかるようになっていますので、その指示に従って取り扱いましょう。ちなみに図2の絵表示の意味は、Aの左から右に急性毒性、金属腐食性、健康有害性、Bの左から右に引火性、有害性です。

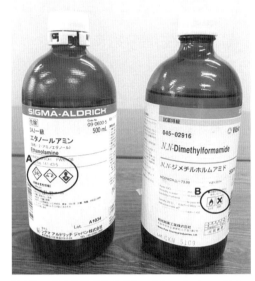

図2. 化学物質の例。囲ったところに絵表示がある（A、B）。

　大学のキャンパスには様々な学部が同居しており、比較的危険な作業場が少ない文系学部に所属していても、危険性のある物質を使った実験が行われている可能性もありますので、普段利用しない場所にむやみに出入りすることは控えた方がいいでしょう。キャンパス内の危険な場所には様々な表示が掲げられていますので、その意味を知っておいて下さい（図3）。

　一方、大学の教育研究活動において想定される事故や健康被害を未然に防ぐために、いろいろな安全講習会や安全ガイダンスなどが開かれ、教職員や学生の安全や健康（衛生）を保持するための安全衛生活動が行われていますので、そのような機会を利用して自身の安全確保に努めて下さい。放射線や生物試料、ある種の研究設備は、法規で定められた教育訓練を受講しなければ利用できません。これも安全性を確保するためです。大学では学外におけるフィールドワークやインターンシップなどもあります。学外では救護等が速やかにできない状況もあり得ますので、指導教員の指導・指示の下、安全に実施して下さい。なお、大学には安全衛生を所掌する安全衛生推進機構があり、ウェブページで安全衛生に関する有用な情報を提供して

図3. 表示例。放射線管理区域（左）、高圧電気設備（右）。

いますので参照して下さい（https://www.okayama-u.ac.jp/user/anzen/）。

(4) 災害に備えて

　岡山県は「晴れの国 おかやま」で知られるように、温暖な気候で地震も少ない自然災害の少ない県として知られてきました。しかし、近年の異常気象により、岡山県でも大規模水害等が発生し、多くの被害が出ています。また、岡山県はその発生の可能性が高い南海トラフ地震の被害想定地域でもあります。それに対して、岡山大学では学生を含む全構成員を対象とした防災訓練を年1回実施し、災害に対する備えをしています。また、学生一斉メールでの安否確認のシステムも構築しています。大規模災害が学内にいるときに発生した場合は、学内放送や学部等の避難指示に従って安全を確保して下さい。また、一人暮らしを始めた新入生の皆さんは、居住する地区の自治会がハザードマップ等を配布していますので、学外にいる場合の大規模災害時の避難場所や避難行動について今一度確認しておくことが望ましいです。

(5) 自動体外式除細動器（Automated External Defibrillator: AED）

　皆さんは「AED」という言葉を聞いたことがありますか？ AED は心肺停止の際に、電気的なショックを与えることによって、停止した心臓を再び動作させる機器です（図4左）。急な心臓疾患では一刻も早い蘇生措置が生存率に直結するため、そのようなケースに遭遇した場合、周囲の人が AED を使用して蘇生措置を行うことが推奨されています。その使用法は本体の電源を ON にすると、音声ガイダンスによって、誰でも容易に使用できるようになっています。大学では各キャンパスの各所に AED を設置しています（図4右）。大学では年2回、教職員と学生を対象にした AED 講習会を開催していますので、皆さんも緊急時に使用できるように是非参加して下さい。

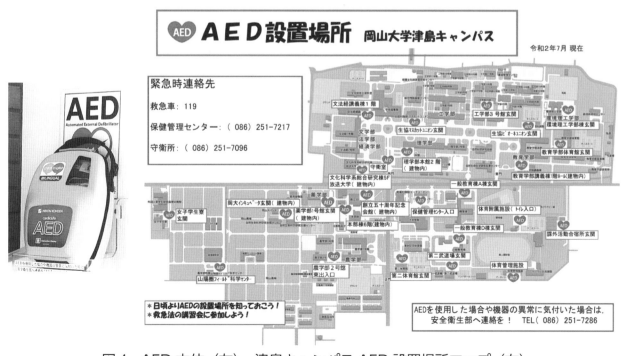

図 4. AED 本体（左）、津島キャンパス AED 設置場所マップ（右）

(6) 岡山大学の禁煙に対する取組み

　平成26年4月以降、岡山大学の全キャンパスで喫煙が禁止されました。その背景には、喫煙しない人も受動喫煙によって健康被害を受けるリスクが高くなることが指摘されたためで、法令で学校や大学、病院など公共の場所での禁煙が定められました。日本の喫煙率は16.7％で年々減少していますが、男女別に見ると男性27.1％、女性7.6％で、女性の減少率が低いことが気になります（国民健康・栄養調査2020年10月発表）。喫煙は「好奇心」や「周囲が吸っていたから」などで始める事例が多いようですが、その健康リスクは発がん率の上昇など看過できないものがあります。また、受動喫煙により周囲の人への健康被害も引き起こします。たばこは常習性もあり、止めることも困難です。たばこは"百害あって一利なし"という言葉を肝に銘じて、大学生になって安易な喫煙を始めないようにしましょう。

2. ハラスメント対策をするために

(1) 大学生活の始まり

　ハラスメントは、「嫌がらせや迷惑行為。そのような行為を繰り返しすること」を意味する、英語の harassment に由来する用語です。ハラスメントは、1980 年代の後半になってセクシュアル・ハラスメント（sexual harassment）の問題が広く認識されるようになったのに伴い、社会一般に定着しました。そもそもセクシュアル・ハラスメントは、1970 年代の米国において、女性であることによって受ける不当な差別や性的嫌がらせに対し、訴訟が相次ぐようになり、そのなかで整理、確立していった概念です。それが 1980 年代になって我が国にも取り入れられ、次第にセクシュアル・ハラスメントが社会的に問題視されるようになりました。セクシュアル・ハラスメントは平成元年（1989 年）の流行語大賞に選ばれるなど、ハラスメントという言葉が広く使われるようになって、30 年以上になります。

　大学などの高等教育機関で起こるハラスメントは、キャンパス・ハラスメントと総称されています。岡山大学では、キャンパス・ハラスメントを①セクシュアル・ハラスメント、②アカデミック・ハラスメント、③マタニティ・ハラスメント、④育児休業等に関するハラスメント、⑤その他のハラスメントに分類し、それぞれ以下のように規定しています（国立大学法人岡山大学におけるハラスメント等の防止及び対応に関する規程）。

①セクシュアル・ハラスメント：他人を不快にさせる性的な言動又は性別による差別的言動をいう。

②アカデミック・ハラスメント：職務上、教育上若しくは研究上の地位又は人間関係などの優位性を背景にして行われる、職務、教育又は研究の適切な範囲を超える言動であって、次のいずれかの結果をもたらすものをいう。
　　イ　他人に精神的又は身体的苦痛を与えること
　　ロ　他人の就業環境、修学環境、又は研究環境（以下「就業・修学環境等」という。）を悪化させること

③マタニティ・ハラスメント：妊娠若しくは出産に関する言動又は妊娠若しくは出産に関する措置若しくは制度の利用に関する言動であって、職務、教育又は研究の適切な範囲を超え、他人の就業・修学環境等を悪化させるものをいう。

④育児休業等に関するハラスメント：育児又は介護に関する措置又は制度の利用に関する言動であって、職務、教育又は研究の適切な範囲を超え、他人の就業・修学環境等を悪化させるものをいう。

⑤その他のハラスメント：飲酒の強要、暴行、喫煙にまつわる不法行為又は誹謗、中傷若しくは風評の流布等により、他人の人権を侵害したり、他人を不快にさせる言動（①〜④にあたるものを除く。）をいう。

　以下では、①セクシュアル・ハラスメント、②アカデミック・ハラスメントを中心に説明します。

(2) セクシュアル・ハラスメント

■対価型と環境型

　セクシュアル・ハラスメントには、いわゆる対価型と環境型とがあります。

　対価型とは、地位又は人間関係などの優位性を背景として、自分は相手に利益あるいは不利益を与えることができると仄めかして性的関係を迫ったり、交際を求めたりするタイプのセクシュアル・ハラスメントのことを指します。例えば、教員が学生に成績評価（単位認定）や研究指導の見返りに、本人の望まない性的な行為を要求するといった場合がこれに当たります。

　環境型とは、不快な性的言動によって就業・修学環境等を悪化させるタイプのセクシュアル・ハラスメントのことです。例えば、教室や研究室で性に関する話をする、教員が学生の肩や臀部に繰り返し触れる、相手を性的なからかいの対象にする、ＰＣのディスプレイに性的な画面を設定するといった場合がこれに当たります。

■ジェンダー・ハラスメント

　性に関わるハラスメントには、上述した生物学的な性（セックス）に基づく狭義の性的言動によるものだけでなく、社会的・文化的に形成された性（ジェンダー）に関する固定観念（性別役割分担）によるハラスメントがあります。例えば、男性教員が女子学生に対して「女は研究者には向かない。結婚しないのか」と言ったり、女性であることを理由に女子学生に研究室のお茶くみや細々とした雑務をさせたりする行為がこれに当たります。このような性差別的言動はジェンダー・ハラスメントとしてセクシュアル・ハラスメントとは区別して扱う場合があるのですが、一般にはセクシュアル・ハラスメントに含め、その一部として扱うのが普通です。本学の規程においても、セクシュアル・ハラスメントは、ジェンダー・ハラスメントを含めたかたちで、定義されています。

■判断基準

　ある言動がセクシュアル・ハラスメントに該当するか否かはどのように判断したらいいのでしょうか。セクシュアル・ハラスメントに該当するか否かは、行為者の意図よりも、受け手の感じ方、客観的な言動の性質が重要視されます。セクシュアル・ハラスメントは上下関係や立場を利用してなされることが多いですが、地位が対等であっても、セクシュアル・ハラスメントとなることがあります。また、異性間のみならず、同性間であっても、セクシュアル・ハラスメントは起こりえます。

(3) アカデミック・ハラスメント

■アカデミック・ハラスメントとパワー・ハラスメント

　国立大学法人岡山大学におけるハラスメント等の防止及び対応に関する規程に定義されているアカデミック・ハラスメント（academic harassment）は、民間企業等において一般にパワー・ハラスメント（power harassment）といわれている概念に相当します。すなわちアカデミック・ハラスメントは、大学等の高等教育研究機関におけるパワー・ハラスメントを意味し、パワー・ハラスメントの一類型とみることができます。

　近年、深刻なパワー・ハラスメントの被害が頻発し、パワー・ハラスメントが労働問題化、社会問題化しています。2019年5月、労働施策総合推進法（正式名称は、「労働政策の総合的な推進並びに労働者の雇用の安定及び職業生活の充実等に関する法律」）が改正され、2020年6月1日より、職場におけるハラスメント防止措置が事業主の義務となりました。なお、中小企業は、2022年4月1日から義務化されています。改正されたこの法律では、パワー・ハラスメントを、次の3つを全て満たすものとして定義しています。①優越的な関係を背景とした言動であって、②業務上必要かつ相当な範囲を超えたものにより、③労働者の就業環境が害されるもの。ただし、客観的にみて、業務上必要かつ相当な範囲で行われる適正な業務指示や指導については、該当しません。

　ここで注目すべき点は、下線で示した「業務上必要かつ相当な範囲を超えた」という文言です。つまり、パワー・ハラスメントについて考える場合、問題とされる言動が業務を遂行する上で必要かつ相当な範囲にあるか否かが重要な意味を持つということです。業務上必要かつ相当な範囲は業種や職場等により事情が異なるため、一律に規定することが難しいことから、必要かつ相当な範囲についてはそれぞれの業種や職場等で認識を揃えることになっています。

■判断基準

　ある言動がアカデミック・ハラスメントに該当するか否かはどのように判断したらいいのでしょうか。ここで、まず留意すべき点は、アカデミック・ハラスメントとセクシュアル・ハラスメントの判断基準の違いです。セクシュアル・ハラスメントの場合は、受け手の感じ方、すなわち受け手がその性的言動を不快と感じれば、セクシュアル・ハラスメントと判断されますが、アカデミック・ハラスメントの場合は受け手がその言動を苦痛あるいは不快と感じたとしても、それを理由にハラスメントであると必ずしも判断されるわけではありません。例えば、教員が学生を叱責した場合を考えてみましょう。叱責された学生のほとんどは苦痛あるいは不快と感じるでしょう。しかし、学生に対する適切な叱責は教育指導上必要なことであり、受け手（学生）が不快と感じただけでは、叱責した行為がハラスメントと判断されるわけではありません。教員が叱責した行為がハラスメントになるのは、叱責の仕方や内容が教育研究指導の相当な範囲を逸脱している場合です。したがって、アカデミック・ハラスメントか否かの判断においては、その言動が「業務上必要かつ相当な範囲」にあるか否かについての判断が重要な意味を持つことになるのです。そして、この判断は容易でないことが多くあります。そのような場合、ハラスメントか否かは、その職場や学校を良く知る、標準的な規範意識を持った人の意見を基準に判断するとされています。本学の場合、この判断はハラスメント防止委員会が行うことになっています。

(4) ハラスメントの構図

アカデミック・ハラスメントは、職務上の地位や人間関係の優位性を背景として、弱い立場にある者に対して人格・人権を否定する言動や業務（教育研究）の必要かつ相当な範囲を超える指導、命令をすることによって、相手に精神的な苦痛を与え、教育研究環境あるいは職場環境を悪化させる行為です。セクシュアル・ハラスメントも、そのほとんどが職務上の地位などの優位性を背景として、弱い立場にある者に対して性的関係を迫るなどの行為です。このため、強い立場にある者の言動が不当なものであっても、あるいは弱い立場の者の意に反する、不快なものであっても、弱い立場の者は不利益や仕返しを恐れて拒否することができず、場合によっては加害者に対して迎合的な態度を取ってしまうことさえあります。この結果、強い立場にある者は加害の事実に気付かないまま、あるいは「相手も受け入れている。この程度は問題ない」と思い込んだまま、性的な言動をエスカレートさせてしまい、事態は深刻化の一途をたどることになります。

アカデミック・ハラスメントやセクシュアル・ハラスメントの事案を具体的に見ていくと、その言動の受け手（被害者）がハラスメントだと認識していることを、言動を行う側（加害者）はハラスメントであるとは認識していない場合がほとんどです。つまり、不適切な言動に対する、加害者と被害者の間の認識の離齬が、深刻な被害を生み出しているといえます。これは、ハラスメントに関して、まだ我々の間に十分な共通認識が成立していない故であり、このことがハラスメント問題の解決を難しくしている、もう一つの要因になっているのです。

(5) アカデミック・ハラスメント、セクシュアル・ハラスメント被害を深刻化させないために

研究室や職場で私たちが日常的に行う言動は、受け手の性別、年齢、立場、職務上の地位等の違いによってその受け止め方に差があり、言動を行う当人の意図に関わりなく、相手（受け手）を精神的に追い込んだり、不快にさせてしまったりする場合があります。私たちはこのことを先ずしっかりと理解しておく必要があります。そして、良好な人間関係を築いていくには、ハラスメントの背景に他者に対する支配意識や優越意識、偏見や差別意識があることをよく認識するとともに、立場や職務上の地位の上下、性別の違いに関わらず、常に相手の人格・人権を尊重するという気持ちを忘れないことが大切です。

アカデミック・ハラスメント、セクシュアル・ハラスメントの被害は、多くの場合、軽微な段階から始まって、それに対して適切な対応が取られないと次第にエスカレートし、最終的には深刻な事態に至るのが一般的です。事態が深刻化すればするほど、例え何らかの決着が図られたとしても、元の状態に戻るの

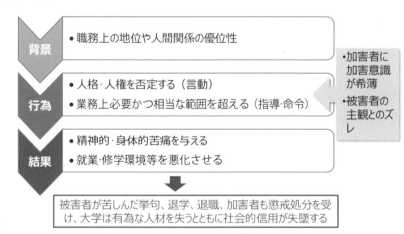

図1. アカデミック・ハラスメントの構図

はより難しくなり、たいていの場合、人間関係の修復は困難となります。それ故、ハラスメントは、その初期のまだ軽微な段階で、迅速に対応することが最も肝要です。

　上述のように、ハラスメントの加害者は加害の事実に気付かずに問題の言動を繰り返している場合がほとんどです。したがって、ハラスメントの言動を受けた場合、被害者はやり過ごしたり、我慢したりせず、その初期の段階で自分は不快に思っていること、不当に思っていることを何らかのかたちで相手に伝えることが必要です。もし、相手に自分の気持ちを伝えることが難しい場合には、一人で悩まず、できるだけ早期に身近にいる、信頼できる人やハラスメント相談員、あるいはハラスメント防止対策室等に相談して、適切な対策を講じる必要があります。その際、いつ、どこで、誰から、どのようなハラスメントの言動を受けたかを具体的に記録したメモや、可能ならそれを裏付ける資料等を持参して、相談すると良いでしょう。特に、セクシュアル・ハラスメントの場合は目撃者がいないことが多いことから、当事者しか知り得ないことをしっかり記録しておくことが大切です。

　友人などからハラスメントを受けたと相談を受けた場合はどうすればよいでしょうか。相手は辛い気持ちで話をしていることが多いものです。話を真剣に聴いて受け止めましょう。そして一緒にどうすればよいかを考えます。励ますつもりであったとしても不用意な言動によって相手をさらに傷つけてしまうセカンドハラスメント（二次被害）を起こさないことも大切です。相談を受けた時には気を付けましょう。

　相談は、各学部等のハラスメント相談員とハラスメント防止対策室とで受け付けています。受け付けた相談に対する大学の対応は、ハラスメント防止委員会のホームページ（https://www.okayama-u.ac.jp/user/harass/）に詳しく掲載されています。

　ハラスメント防止委員会のホームページには他にも有益な情報がありますので参考にしてください。

3. 身体をケアする

【健康なキャンパスライフのために】

新入生の皆さんは今後、岡山大学で勉学に励みながら充実したキャンパスライフを送ることと思いますが、心身の健康はその基本となるものです。保健管理センター（以後「ホケカン」と略します。学生は皆そう呼びます）からは、そのために、まず二つのことをお願いします。

1. ホケカンを利用しましょう！

岡山大学では、皆さんが健やかな大学生活を送ることができるように、心とからだの健康のためのサービスを提供する機関としてホケカンが設置されています。ホケカンには、内科医師、精神科医師、保健師、臨床心理士などがいて、健康診断や一般外来を含めた診療や相談を受け持っています。また定期的に学校医として耳鼻科、皮膚科、整形外科、婦人科、歯科などの先生も来られて専門的な診察が受けられます。ホケカンはサービス施設ですので利用してもお金はかかりません。心やからだのことで気になることがあれば気軽に相談に来てください。医療従事者には守秘義務といって、病気などの個人的な情報を他人に漏らしてはいけないということが課せられていますので、どんな話をしても外に漏れる心配はありません。軽症の病気やケガはホケカンで治療できますので、ホケカンに相談していただき、必要な場合には適切な病院を紹介します。大きい病院では紹介状がないと高額になりますので、緊急の場合でなければ、ホケカンで紹介状をもらってから受診するようにしてください。

2. 健康診断を受けましょう！

健康診断は皆さんの健康状態をチェックするのみでなく、ホケカンのスタッフが健康診断を通じて皆さんのこころとからだの健康状態を把握し、必要に応じてキャンパスライフをサポートする場でもあります。この健康診断は学校保健安全法により大学には年1回以上の実施が、岡山大学学部共通規程により学生には受診が義務付けられています。また、実習や証明書などが必要な場合、健康診断を受けていないと診断書がでません。必ず健康診断を受け、自分の健康状態を確認する習慣をつけてください。

以下、感染症とタバコに関して解説します。

【感染症】

(1) 総論

感染症とは、ウイルスや細菌などの病原体が生体内に侵入・増殖して引き起こす病気で、発熱や腹痛・下痢、咳、関節痛、発疹などの症状を伴うことがあります。病原体には大きく分けて、ウイルス、細菌、真菌などがあります。

感染症は新型コロナウイルス感染症のように、皆さんの修学はもちろん生活にも大きな影響を及ぼすことがあり、その性質や予防、関係する決まりなど、集団生活を行う大学生は特に十分理解しておくことが必要です。

感染症はいわゆる感染症法により、感染力や罹患した場合の重篤性などに基づき分類されており、特定の感染症を診断した医師や医療機関に対して保健所への届出が義務付けられています。

一方、学校における感染症については、学校保健安全法に基づいて感染症の種類、出席停止期間などが規定されています（表1）。インフルエンザ、麻疹、風疹、水痘、流行性耳下腺炎（ムンプス）などの身近な感染症は、いずれも学校感染症としては第二種に分類されています。一方、新型コロナウイルス感染症は政令により指定感染症に指定されているため、学校保健安全法に定める第一種感染症とみなされます（2021年10月現在）。

表1　学校において予防すべき感染症の出席停止の期間
学校保健安全法施行規則第19条（平成24年4月1日施行）

第一種	治癒するまで	
第二種	インフルエンザ	発症した後（発熱の翌日を1日目として）5日を経過し、かつ解熱した後2日を経過するまで（幼児にあっては、発症した後5日を経過し、かつ解熱した後3日を経過するまで）。
	百日咳	特有の咳が消失するまで又は5日間の適切な抗菌薬療法が終了するまで
	麻疹	発しんに伴う発熱が解熱した後3日を経過するまで
	流行性耳下腺炎	耳下腺、顎下腺又は舌下腺の腫脹が発現した後5日を経過し、かつ全身状態が良好になるまで
	風疹	発しんが消失するまで
	水痘	全ての発しんがかさぶたになるまで
	咽頭結膜熱	発熱、咽頭炎、結膜炎などの主要症状が消退した後2日を経過するまで
	※結核・髄膜炎菌性髄膜炎は、症状により学校医その他の医師において感染の恐れがないと認められるまで	
第三種	症状により学校医その他の医師において感染の恐れがないと認められるまで	

岡山大学では、第一種、第二種、第三種の感染症に罹患した場合は、医師の診断に基づいて出席停止とし、出席停止期間に出席できなかった授業については、届出により公欠扱いとなります。インフルエンザについては、公欠の届出に必要な治癒証明書の代わりに、発症日の記載された診断書及び「インフルエンザ経過報告書」を提出することができます。詳しくは大学のホームページを参照して下さい。

予防接種（ワクチン）により予防が可能な感染症（VPD, Vaccine Preventable Diseases）は特に重要です。2007年から2008年にかけて、高校・大学生を中心に麻疹の大きな流行がありました。麻疹を発症した場合、本人に危険性があるだけでなく、大学の閉鎖（一部または全部）が必要な場合もあり、周囲に非常に大きな影響を及ぼします。また、幼少期を過ぎて発症すると疾患によっては重症化しやすい傾向があります。さらに、教育実習や病院実習のある方は自分の身を守るのみならず、感染源とならないという観点からも特に注意が必要です。

現在、わが国では、麻疹、風疹、水痘、百日咳、ジフテリア、破傷風、ポリオ、肺炎球菌、B型肝炎などの感染症については定期予防接種の対象疾患となっていますが、年齢など対象が限ら

れています。流行性耳下腺炎（ムンプス）、髄膜炎菌は任意接種です（2021年10月現在）。インフルエンザも60歳未満では任意接種です（表2）。

　定期予防接種の接種時期はほとんどが小児期であり、最近になってようやく定期予防接種の対象疾患となった感染症については、皆さんは予防接種を受けていないものが多いと思われます。現在の大学新入生の多くは、これまで水痘や流行性耳下腺炎（ムンプス、おたふく風邪）が任意接種であったため、これらの接種率は一般に低いです。予防接種歴およびこれら感染症の罹患歴については、母子健康（親子）手帳や予防接種手帳により各自十分確認しておくことが重要であり、罹患歴も十分な予防接種歴（接種回数）もない場合は、必要な予防接種を早めに受けておくべきです。

表2　ワクチンで予防が可能な身近な感染[*1]

疾患	ワクチン	接種種別（時期）	接種回数	対象
麻疹、風疹	MRワクチン[*2]	定期接種（2006年4月～）	2[*3]	生後12～24ヵ月未満と5～7歳未満で小学校就学前
	MRワクチン	定期接種（経過措置）（2008年4月～2013年3月）	1	中学1年生、高校3年生相当年齢の者
水痘	水痘ワクチン	定期接種（2014年10月～）[*4]	2	生後12～36ヵ月未満
ジフテリア、破傷風、百日咳	DTPワクチン DTワクチン	定期接種（1994年10月～）	4 1	生後3ヶ月～90ヵ月未満
ジフテリア、破傷風、百日咳、ポリオ	DTP-IPV	定期接種（2012年11月～）	4	生後3ヵ月～90ヵ月未満
ポリオ	不活化ポリオワクチン（IPV）[*5]	定期接種（2012年9月～）	4	初回接種（3回）：標準的には生後3ヵ月から12ヵ月に3回 追加接種（1回）：初回接種から12ヵ月から18ヵ月後に1回
B型肝炎	B型肝炎ワクチン	定期接種（2016年10月～）	3	0歳児（1歳未満）
インフルエンザ	インフルエンザHAワクチン	任意接種[*6]	1[*7]	
流行性耳下腺炎	ムンプスワクチン[*2]	任意接種	1～2	1歳以上の未罹患者
髄膜炎菌性髄膜炎	4価髄膜炎菌ワクチン	任意接種	1	

[*1]　現状を示したが、時代とともに変遷を繰り返しており、一時的な経過措置もあり、表の他にも、予防接種法に基づく定期接種に、BCG、インフルエンザ菌b型、肺炎球菌、日本脳炎、ヒトパピローマウイルスなどがある
　　　政令で規定された対象年齢以外で受ける場合はすべて任意接種となる
[*2]　1989年～1993年はムンプスワクチンを加えたMMRワクチン接種
[*3]　2006年4月以前は生後12～24ヵ月未満の1回接種のみ
[*4]　2014年9月以前は任意接種
[*5]　2012年8月まではポリオ生ワクチン（経口）を2回接種
[*6]　65歳以上は定期接種
[*7]　毎シーズン接種　13歳未満は2回接種

(2) 各論
1) ウイルス感染症
　小児の病気が多いですが成人でも罹患することがあり、その場合、重症となりがちです。多くは一過性の感染に終わりますが、HIV では慢性感染し、水痘など潜伏感染が見られるものもあります。水痘、インフルエンザ、HIV 以外は特異的治療法がなく、対症療法が中心となります。

1. 麻疹（麻しん、はしか）
　空気感染、飛沫感染、接触感染し感染力が強く、高熱、咳、鼻水などの症状が続いて、発熱3日頃から頬の裏側にコプリック斑（粘膜疹）が出現し、一時解熱し、次の発熱時に発疹が出現して解熱する頃には消退します。合併症もあり、致死率は先進国で 0.5% 以下ですが生命に係わることもあり注意が必要です。

2. 風疹（風しん、三日はしか）
　飛沫感染、接触感染し、発熱、発疹、リンパ節腫脹を伴い、発疹は平均3日で消退します。女性では妊娠中（20週以前）に罹患すると先天性風疹症候群と言われ、胎児に難聴、心疾患、白内障、精神運動発達遅滞などを合併しうるため、特に注意が必要です。

3. 水痘・帯状疱疹ウイルス感染症（水ぼうそう、帯状疱疹）
　空気（飛沫核）感染、飛沫感染、接触感染し感染力は非常に強く、発熱と水疱などの発疹を伴います。治癒後にウイルスは神経に潜伏感染し、免疫力低下により再活性化して帯状疱疹を発症し、水疱を伴う発疹と強い痛みと知覚異常を伴い、帯状疱疹後神経痛などの後遺症として残る場合があります。

4. 流行性耳下腺炎（ムンプス、おたふく風邪）
　唾液による飛沫感染、接触感染により感染し、発熱と唾液腺の腫脹を主な症状とします。合併症として髄膜炎、精巣炎、卵巣炎、膵炎、などがあり、注意が必要です。

5. HIV（ヒト免疫不全ウイルス、Human Immunodeficiency Virus）感染症
　わが国では、HIV 感染者・エイズ患者数が依然として増加しています。

　HIV に感染しても、ある一定期間自覚症状のない時期が続くことが特徴です。エイズ（後天性免疫不全症候群）とは HIV に感染して起こる病気で、本来の免疫力があればかからない病気を発症している状態をいいます。

　HIV の感染経路は、（1）性行為、（2）血液を介するもの、（3）母子感染、です。HIV は、精液・膣分泌液・血液・母乳に含まれています。HIV の感染力は弱く性行為以外では日常生活の中でうつることは殆どありません。性行為でも、コンドームを正しく使用すればほぼ 100% 予防することができます。ただし、直前につけるのではなく、性行為のはじめから終わりまでつけておくことが必要です。

早い段階でHIV感染が分かれば薬でエイズの発症を防ぐことができます。早期に検査して早急に医療機関を受診することが重要です。

HIVに感染しても自覚症状のない期間が長いため、検査を受ける以外にはHIVに感染しているかどうか知る方法はありません。岡山県ではHIV検査は11保健所・支所と10拠点病院で受けられ、保健所・支所では無料・匿名検査をしています。保健所では、HIV検査・性器クラミジア感染症・梅毒・B型肝炎・C型肝炎の検査を同時に受検することができます。

6. インフルエンザ

インフルエンザウイルスの感染による急性気道感染症で、感染経路は、咳・くしゃみなどによる飛沫感染が主で、飛沫核感染（空気感染）や接触感染などによるものもあり、感染力が強いです。

感染を受けてから1〜3日間ほどの潜伏期間の後に、咽頭痛、鼻汁、鼻閉、咳、痰などの上気道炎症状に加えて、突然の高熱（通常38℃以上の高熱）、全身倦怠感、頭痛、筋肉痛・関節痛を伴うことを特徴とし、通常約1週間の経過で軽快します。合併症として、脳症、肺炎を起こすことがあります。診断には症状に加えて迅速診断キットが用いられます。

治療には、塩酸アマンタジン（シンメトレル®）、ノイラミニダーゼ阻害剤、キャップ依存性エンドヌクレアーゼ阻害剤があり、ノイラミニダーゼ阻害剤として、経口薬のリン酸オセルタミビル（タミフル®）や吸入薬のザナミビル（リレンザ®）、キャップ依存性エンドヌクレアーゼ阻害剤として経口薬のバロキサビル（ゾフルーザ®）などがあります。

予防について

- うがい、手洗い、室内の乾燥を防ぎ、必要に応じて加湿しましょう。
- 大勢が室内に集まると病原体が充満します。こまめな換気をし、人混みを避けましょう。
- 免疫力の低下で発病・病状重篤化しやすいため、十分な栄養・休養を取りましょう。
- インフルエンザワクチンは感染力のない「不活化ワクチン」で、一定の割合で予防効果があります。しかし、ウイルスが突然変異するため万能ではありません。
- 体温計・マスクをまだ持っていない人は購入し常備すること。
- 風邪症状があったら他の人にうつさないためにマスク着用（咳エチケット）、ティッシュは確実にゴミ箱へ。手洗いの励行、なるべく他の人と1〜2m以上離れる、などの注意を。新型コロナウイルス感染の流行期には症状によっては入構を制限されている場合があるので、大学のホームページ等で確認して下さい。

7. 新型コロナウイルス感染症（COVID-19）

COVID-19は2019年12月に中国武漢で初めて発生が報告され、その後、またたく間に世界中に感染流行が拡大し、大学での学修や生活にも大きな影響を及ぼしています。このような「世界の広い範囲に感染症の流行が拡大した状態」を「パンデミック（pandemic）」と呼びます。

COVID-19の症状は、発熱、咳、息苦しさ、倦怠感などが主体ですが、多くは軽症ないし

無症状です。また、症状のある人でも症状の出る2〜3日前から感染力があるということです。そのため、自分が感染していることに気づかず、知らないうちに周囲に感染を広げてしまうという厄介な病気です。感染様式は飛沫感染や接触感染ですが、空気感染（エアロゾル感染）もし得ること、そして感染力が強いことも特徴です。

COVID-19 による重症例や死亡例のほとんどは高齢者、あるいは肥満、心臓病、糖尿病などの持病を持つハイリスクグループと呼ばれる人たちで、若い人は軽症あるいは無症状といわれていました。しかし、その後、40代〜50代のいわゆる働き盛りや、20代の若者が、重症例や死亡例の多くを占めるようになりました。これは、高齢者などハイリスクの人たちへのワクチン接種が他よりも先に進められたことに加えて、変異株ウイルスの出現が影響していると考えられます。

ウイルス遺伝子配列の一部が入れ替わることにより生じる変異株には様々なものが有りますが、それまでの株よりも感染力が強かったりワクチンが効きにくかったりするなど新たな性質をもつことが問題となります。変異株が次々と発見されており、そのうちのいくつかは「懸念される変異株」や「注目すべき変異」として、今後の感染拡大にどのように影響するかが心配されています。

ワクチンが開発されており予防接種を受けられますが、1回のみでは効果は不十分で十分な効果を得るためには一定の間隔を空けて2回（原則は同じワクチン）受ける必要があります。特別の事情（接種不適当者）がなければ、まずはワクチンの2回接種を受けましょう。但し、ワクチンの接種が不適当とされる方では希望しても接種が受けられません。また、このワクチン接種は任意であり、ワクチン接種の強制や、接種しない人への差別があってはなりません。

ワクチンを受けた方は、COVID-19 の発症や重症化をある程度予防できると期待されていますが、感染を100％防ぐことはできません。すなわち、ワクチンの2回接種を済ませた人たちの間で変異株（デルタ株など）によるクラスターの発生が報告されています。いわゆる、「ブレイクスルー感染」であり、ワクチンを2回接種したからといって安心はできません。この様に、ワクチンの効果は時間と共に低下すること、変異株では効果が劣っていることなどから追加のワクチン接種が予定されています（2021年10月現在)。

ワクチン接種をした後も、その他の感染防止対策をしっかり続け、各自が、他人からうつされないようにする、他人にうつさないようにする注意を続けることが重要です。

すなわち、

①密（密閉、密集、密接）を避けて、部屋の十分な換気を心がけましょう。

②飲食以外の人と会う場面では、マスクを着用しましょう。

③飲食の際は対面の着座や会話を控え、飲食が済んだらすぐにマスクを着けましょう。

④手洗い、手指消毒をこまめにしっかりしましょう。

新型コロナウイルス感染症や感染拡大防止に関することは活動制限指針も含めて、詳しくは本学やホケカンのホームページを参照してください。

8. その他のウイルス感染症

　主に乳幼児に細気管支炎や肺炎を起こす RS ウイルス、冬季に嘔吐・下痢などの症状を伴う急性胃腸炎の原因となるノロウイルスやロタウイルス、発熱、咽頭炎（咽頭発赤、咽頭痛）、結膜炎が主症状で夏季に流行することがある咽頭結膜熱（プール熱）、初夏から秋にかけて乳幼児に多く発熱と口腔粘膜にあらわれる水疱性の発疹を特徴とした急性のウイルス性咽頭炎であるヘルパンギーナ、微熱、咽頭痛で始まり手掌や足底に小水疱が多発する手足口病、幼小児に多いが成人が罹患することもあり、顔面、四肢に紅斑が出現する伝染性紅斑（リンゴ病）、結膜炎を主症状とする流行性角結膜炎、急性出血性結膜炎などがあります。

2）細菌感染症

1. 百日咳

　かぜ様症状で始まり次第に咳が著しくなり、けいれん性の咳発作（コンコンコン、ヒュー）を生じ長引きます。肺炎、脳症を合併することがあります。ワクチンで予防可能ですが、<u>定期接種後の効果切れで、青年・成人患者の報告数が増加</u>して問題となっています。

2. マイコプラズマ

　飛沫感染し、異型肺炎像を呈することが多く、頑固な空咳と発熱を主症状に発病し、中耳炎、胸膜炎、心筋炎、髄膜炎などを合併することもあります。小児に多いですが、<u>若年成人にもしばしばみられます</u>。

3. 結核

　今日でも年間 1 万 5 千人弱の新しい患者が発生し、2,000 人以上の人が命を落としている<u>日本の重大な感染症</u>です。（厚生労働省：2019 年結核登録者情報調査年報）。さらに、世界的には毎年 150 万人以上もの人が結核で亡くなっています。

① 感染

　結核菌の感染源の大半は肺結核患者です。感染は主に気道を介して飛沫核（空気）感染します。結核菌を吸い込んでも多くの場合、体の抵抗力により追い出されますが体内に残ることがあり、感染が成立してしまいます。

② 症状

　結核菌が体内に残っていても免疫によって封じ込められたままのことが多く、感染した人が発病する確率は BCG 接種を受けた人で 5～10% と考えられますが、若年者の集団感染事例で感染を受けた人の 5～20% 以上が発病したとの報告もあります。感染してから 2 年くらいの内に発病することが多いとされており、その場合過半数が 1 年以内に発病しています。しかし一方で、感染して数年～数十年後に結核を発症することもあります。感染後の発病のリスクは年齢的には乳幼児期、思春期に高く、また、特定の疾患の合併や免疫力の低下した人でも高くなります。

　日本では結核のほとんどは肺（肺結核）ですが、肺以外の臓器にも起こりえます。肺結核の症状は咳、喀痰、微熱が典型的とされており風邪と似ていますが、<u>長く続くのが特徴です</u>。進

行すれば、全身倦怠感、食欲不振、体重減少、寝汗、胸痛、呼吸困難、血痰、喀血等を伴うこともありますが、初期には無症状のことも多いです。

③ 診断

「感染」については、ツベルクリン反応検査、インターフェロンガンマ遊離試験（IGRA）などにより診断できます。ツベルクリン反応検査では、反応が結核感染の為かBCG接種の為かを判断しにくい場合があり、近年ではIGRAが主流となっています。「発病」についてはX線を使った画像診断（胸部X線検査、CT検査）や細菌検査（痰の検査）で診断します。

④ 治療

昔は多くの方が亡くなりましたが、今日では薬（抗結核薬等）が開発され、きちんと薬を飲めば治ります。しかし、病院受診が遅れたり診断がおくれたりしたために病気が進行して重症になった場合や、免疫状態が著しく低くなった場合には死に至ることもあるので注意が必要です。

また、治療途中で薬を飲むのをやめてしまったり、指示された通りに薬を飲まなかったりすると、結核菌が薬に対して抵抗力（耐性）を持ってしまい、薬の効かない結核菌（耐性菌）になってしまう可能性があります。結核と診断されたら、医師の指示を守って、治療終了まできちんと薬を飲み続けることが最も重要です。

⑤ 予防

ふだんから心がけるべきこととして、免疫力が低下しないように規則正しい生活を心がけましょう。また、栄養バランスのよい食事と十分な睡眠、適度な運動などが大切です。

早期発見には定期的に健康診断をきちんと受けることが最も重要です。また、風邪のような症状が長く続く（咳や微熱が2週間以上続くなど）ようなら、病院を受診しましょう。他の人への感染を防ぐためにも、早期発見、早期治療が重要です。

3) 食中毒

一般的に食中毒とは、飲食物を介して体内に入った病原体や有毒、有害な物質によって起こり、比較的急性の胃腸炎症状等を主な症状とします（表3）。細菌やウイルスなどの病原体の感染（感染型食中毒）や、毒素によるもの（毒素型食中毒）が含まれます。近年は、カンピロバクターやノロウイルスが増加しています。食中毒は、飲食店や給食施設などでの食事だけでなく、家庭における普段の食事でも発生しています。

表3　食中毒の原因

微生物による食中毒	細菌	腸管出血性大腸菌 O157、サルモネラ、カンピロバクター、NAGビブリオ、ブドウ球菌、腸炎ビブリオ、セレウス菌など
	ウイルス	ノロウイルス、ロタウイルスなど
	原虫	クリプトスポリジウムなど
自然毒による食中毒	植物性	キノコ毒、リスクプロファイル（アジサイ）など
	動物性	フグ毒、貝毒など
化学物質による食中毒		ヒ素、ホルムアルデヒド、有機水銀、カドミウム、農薬など

細菌による食中毒では、菌を、付けない、増やさない、殺菌する、の3原則で防ぐことができます。

① 「清潔」（菌を付着させない）
- 手洗いをよくする。まな板、ふきん等の調理器具、冷蔵庫の中を清潔にする。

② 「新鮮」（菌を増やさない）
- 生鮮食品や調理したものは、できるだけ早く食べましょう。冷蔵庫を過信しない。

③ 「加熱」（殺菌する）
- 食品は十分加熱して中心部まで火を通す。加熱したものを生ものと接触させない。

嘔吐や下痢が続き、水分の摂取が困難な場合は脱水を来すため、輸液など脱水の補正が必要です。また、血便や下血を来す場合も早急に医療機関を受診する必要があります。

【タバコ】

1. はじめに

日本では20歳になると法的にはタバコを吸うことが可能になっています。しかしタバコは健康を害することが明らかであり、また、依存性のあるニコチンという物質が含まれるため、一度吸い始めるとやめるのが難しくなります。

2019年7月に改正健康増進法が全面施行となり、法律上も大学は敷地内禁煙となるなど、喫煙を取り巻く環境は厳しさを増しており、喫煙しない事と共に喫煙に関する正しい知識を持つことが大切です。

2. タバコと健康障害

タバコの煙には4,000種類以上の化学物質、70種類以上の発がん性物質が含まれています。そのため喫煙により肺がんや喉頭がんなどを発症する危険性が高くなります。タバコの煙の成分は体内に吸収されて全身を巡るため、直接関係のなさそうな臓器にもがんを発生させます。また、がんだけではなくCOPD（慢性閉塞性肺疾患）や心血管系疾患、胃潰瘍、歯周病など様々な病気の発症にも関与してきます。世界保健機関（WHO）のデータによると、喫煙は全世界の死亡のうち700万人の原因といわれています。先進国では毎年150万人が喫煙により命を落とし、死亡原因の第1位といわれています。

3. 能動喫煙と受動喫煙

喫煙者が自分のタバコの煙（主流煙）を吸うことを能動喫煙、周りの人が吸っているタバコの煙（副流煙と呼出煙）を吸うことを受動喫煙といいます。副流煙は燃焼温度が低く、燃焼が不完全であるため、主流煙より副流煙の方が有害物質を数倍～数十倍の高濃度で含んでいます。つまり、喫煙は自分だけではなく周りの人の健康も害してしまうことになります。夫から受動喫煙を受けている妻は夫が喫煙しない場合と比べて肺がんになる危険性が倍増すること、親から受動喫煙を受けている子どもは受動喫煙のない子どもに比べて気管支喘息が多いことが判明しています。

最近のわが国での調査をまとめた結果によれば、成人期の受動喫煙で肺がんリスクは約3割増えることが明らかになっています。また、日本では受動喫煙が原因で年間に少なくとも1万5千人の命が奪われているとされています。そのような状況のなか改正健康増進法においても、喫煙を行う場合には受動喫煙を起こさないよう周囲の状況に配慮することが義務付けられています。

岡山大学では2014年4月から敷地内全面禁煙になっています。ホケカンの調査では、敷地内全面禁煙により自覚的にはもちろん客観的にも受動喫煙が劇的に減少しました。受動喫煙を減少させることは敷地内全面禁煙実施の有用性の一つであり、分煙に逆戻りすることなくこれを維持していくことが大切です。

一方、敷地内全面禁煙実施後に大学周辺での喫煙に対する周辺住民の方々からの苦情が続くため、本学では津島地区北キャンパス北側区域のように大学周辺も禁煙区域としています。そもそも禁煙区域でなくとも改正健康増進法により受動喫煙を起こさないよう配慮が義務付けられており、人通りのある道路や通学路はもちろん、人前では喫煙しないことが求められています。

4. いわゆる「新しいタバコ」について

数年前よりいわゆる「新しいタバコ」が急速に広まりつつあります。すなわち、紙巻きタバコ（いわゆる普通のタバコ）が喫煙できなくなったため、代替として新しいタバコを使用する例が多いようです。新しいタバコには様々なものが含まれますが、ニコチンや発がん物質を含む有害物質により喫煙者に依存症やがん誘発などの健康への悪影響をもたらす可能性があります。またニコチンを含むものでは呼気にニコチンが含まれ、受動喫煙を引き起こします。そのため、岡山大学では「新しいタバコ」も全面禁煙の規制対象としています。

5. 禁煙に関して

健康のためには喫煙を開始しないことが最も良いに決まっています。皆さんがタバコを吸い始めるのを防ぐことが、キャンパス全面禁煙実施の大きな目的のひとつでもあります。しかし、もし喫煙を開始してしまった場合、出来るだけ早く禁煙するほど病気になる危険性が減ることがわかっています。ニコチン依存症のため喫煙がやめられなくなった場合、禁煙外来を行っている医療機関で治療を受けるべきで、健康保険を使うことが出来る場合もあります。禁煙を思い立ったときは医療機関を紹介することもできますので、ホケカンにぜひ相談して下さい。

昨今、多くの企業が健康経営銘柄・健康経営優良法人を目指しており、2019年よりその認定要件に「受動喫煙対策に関する取り組み」が必須となりました。そのため多くの企業が受動喫煙対策に取り組んでおり、採用時には喫煙しているかどうかを参考にしています。さらには喫煙者を採用しない企業も増えており、国立大学法人でも喫煙者を採用しない、あるいは非喫煙者を優先するところが増えています。

4. 心をケアする

【メンタルヘルスの相談について】

1. メンタルヘルス（心の健康）相談

　毎年、新入生を対象としたメンタルヘルス講義において、「心理的サポートを必要とする学生の割合がどの程度であると思うか」という質問をし、10％刻みで挙手をしてもらっています。おおよそ20％〜60％の範囲に収まり、30％くらいと思っている学生が最も多くなります。約3人に一人は心理的サポートが必要と新入生は考えているようです。このように、心理的サポートは身近なものとされているので、「心理的なことを相談する」ことは、ごく普通のことであります。自分で一人悩む、あるいは友人と一緒に悩むことは、大学生活において意味のあることだと思います。しかし、心身の不調をきたすまで悩むのは、避けたいところです。

　家族に相談できないと思っている学生は多いようです。家族には心配かけたくない、言えば過干渉気味に対応してくるから嫌、元々家族と仲が良くない等の理由をよく聞きます。教員への相談は、教員をあまり知らないので相談しにくい、忙しそうだからわざわざ自分のために時間を割いてもらうのは申し訳ない、先生と相性が合わない等の理由により相談することをためらう学生も多いようです。また、友人に相談するのが苦手だったり、友人と喧嘩別れした直後等、友人に相談できない状況だったりすることもしばしばあります。

　このような時、保健管理センター（以降「ホケカン」と略します。学生は皆そう呼びます）のメンタルヘルス外来や学生相談室、障害学生支援室、学生支援コンシェルジュ、ハラスメント防止対策室、留学生相談室などを利用してください。医療機関が関係する事については、ホケカンで対応することが多くなりますが、どこに相談してよいかわからないときは、どの相談窓口でもよいのでまずは相談をしてください。各相談窓口が連携して対応します。

　岡山大学には「こころの健康宣言（2014年1月）」があります。そこでは、『「こころの健康」とは、「本学の全ての構成員が、こころの不調のあるなしに関わらず、生き生きと自分らしく学び、働くことができること」です。』としています。ホケカンは、医療機関ではありますが、疾病の有無にかかわらず「精神的に困ったこと」があるときは、対応しますので早めに受診をしてください。

　しかしながら、「相談する」行為は本人にとってとてもエネルギーが必要で、苦手なことであることもあります。本人の行動を待つばかりでは、適切な相談時期を逃すことになるかもしれません。なかなか本人の相談が難しいようであれば、周囲の人がまず相談してみるということも選択肢の一つです。

　相談する時期ですが、基本的には状況をこじらせないうちに相談するのが良いのですが、特に睡眠や食欲がいつもと違う状況が続く場合は、早めに相談するのが無難です。

　ホケカンメンタルヘルス外来の診療時間、体制については岡山大学保健管理センターのホームページに掲載していますのでご覧ください。

　なお、診療内容については法律に則って、守秘義務を果たします。

2. ホケカンのメンタルヘルス相談を利用したほうが良い状況とは？

①いつもと違う心の不調を自覚したとき：自覚するのが難しいことも多いので、他人から指摘されたときは、素直に従って受診することが無難です。

②食欲や睡眠がいつもと違う状態が続くとき：食欲は、無理して食べるのではなく、空腹感があり、味覚を味わうということがセットになります。睡眠時間は、調子が悪い時には不眠になりやすいのですが、逆に過眠になるときもあります。朝起きた時に「寝た」という実感があるのが良い睡眠です。

③寝つきが悪く、翌朝起きられないとき：1限目の必修科目を遅刻や欠席しやすいときは、睡眠相後退症候群という状態であるかもしれません。また、睡眠時刻が「バラバラ」のときも、概日リズム睡眠障害が背景にある可能性があります。

④事件、事故に関わったとき：被害者、加害者にかかわらず、事件・事故に関わったときはこころのケアが必要な時があります。時間がかなり経ってから心身の不調を自覚することもあるので注意が必要です。

⑤どの医療機関を受診してよいかわからないとき：必要に応じて医療機関を紹介します。また、すでに地元の医療機関に通院治療中の人で、岡山の医療機関に転医希望のときには、主治医からの紹介状を持参してください。紹介状があると医療の継続・連携がスムーズになります。

⑥友人や家族が心配なとき：自分のことだけではなく、友人や家族のことで心配事があるときにも相談に応じます。

⑦学業成績が落ちてきたとき：勉強しているにもかかわらず成績が落ちてきた、ということがあります。また、特定の科目の成績が悪いというときもあります。このような状態の時には、心理テストが有用であることもあります。

⑧友人や教職員との人間関係がうまくいかないとき：人間関係がうまくいかない状態が続くと、精神的にきつくなります。視点を少し変えた工夫により、状況が好転することもあります。工夫の仕方はいろいろありますので、自分にあったものに出会えることが重要です。

⑨その他に、飲酒・ゲーム・ネット等の依存、不登校・引きこもりの相談もあります。

詳しくは、下記の参考図書を参照してください。

3. 参考図書

清水幸登，大西勝 他著，キャンパスライフとメンタルヘルス ダイジェスト版，和光出版，2012

【大学生活とメンタルヘルス】

　大学生活を居場所という点からみると、家族という居場所を離れ、新しい居場所を探すことといえるでしょう。友人、サークル、恋愛、研究室、趣味、そして自分の夢。こうした居場所（居心地のよいことが肝心！）を見つけることができれば、大学生活はより充実したものになります。自分の居場所について考えてみよう。

　大学生活におけるメンタルヘルス問題が起きやすい時期や状況を「メンタルヘルス症候群」と

してまとめてみました。これらの症候群を理解することで、メンタルヘルス問題を回避し乗り越える知恵を身につけよう。

key words
　居場所　メンタルヘルス症候群

1. 居場所とは？

　安心感や帰属感や自己肯定感や充実感など（つまり、居心地がよいこと）を持つことができる状況

A. 居場所の分類

空間としての居場所：「家」「自分の部屋」「自分の机」

対人・組織関係としての居場所：「家族」「友人」「所属集団（サークル　研究室)」

社会的役割としての居場所：「学生」「アルバイト」「ボランテイア」

自己目的としての居場所：「趣味」「やりがいのあること」

B. 居場所とメンタルヘルス

図1　居場所の分類

いずれかの居場所で、居心地が良ければ、メンタルヘルスは健全に保たれやすい。
いずれの居場所でも、居心地が悪ければ、メンタルヘルスは不調になりやすい。

2. 大学生のメンタルヘルス症候群

とりあえず入っちゃったけど症候群

受験の成績や家庭の事情などから、本来の志望以外の大学・学部に入学すること。「ここは自分のいる場所ではない」という不適応感・疎外感などから、仲間作り、授業から足が遠のいてしまう。別名、不本意入学とも呼ばれている。

発症時期：入学後早々

対　　策：大学内に居場所ができると不適応感が少なくなることが多い。大学生活を送る中で、自分の気持ちをじっくり固められればよいが、不適応感が強い場合は、再受験、転部など。

ひきこもりじゃないけど症候群

学業や友人関係のつまずきから、大学から足が遠のいてしまうが、ひきこもることはなく、趣味や遊び、バイトなど目の前の出来事に熱中して日々を過ごすこと。ただし、大学に行っていない負い目を常に感じているので、心からは楽しめてない。

発症時期：大学全般

対　　策：生活の目標を定め、自分の将来について考えること。

完璧理解症候群

授業内容を完璧に理解しようとしたり、レポートを完璧に仕上げようとしたりして、分からないところで止まってしまい、先に進めなくなってしまうこと。重症になると、授業を完璧に理解できるかどうかが不安になり、授業に出席できなくなることもある。

発症時期：試験・実験・実習

対　　策：受験勉強は、学べば学ぶほど分からないことが少なくなるが、学問は、深く学べば学ぶほど、分からないことが多くなるものである。ほどほどで納得することが重要である。レポートなどは、細かいことには目をつむり、まずは書き上げるとよい。先輩や同級生から試験や実習の情報を収集するのも大事。

スタートダッシュ症候群

新しい環境に適応しようとすることにより起こる精神的な症状の総称。例えば、4月には新しい環境への期待があり、意識的あるいは無意識的にその環境に適応しようとするが、疲労がたまり、人によってはうつ病に似た症状が起こる。その他、実習や研修に入ったときに起こりやすい。

発症時期：入学1ヶ月後あたり（五月病）、実習

対　　策：はりきって飛ばしすぎず、適宜、休憩をとること。五月病の場合は、GWに実家に帰る、高校時代の友達と連絡をとるなどする。

ヒマラヤ症候群

授業、就職活動、卒業研究など、課題が続くとき。これらの課題が山積みになっているように見えてしまい、その高さに圧倒され立ち止まってしまうこと。

発症時期：各学部の最終学年

対　　策：登山のコツは、山頂を見ずに、足元を見ながら歩くことである。これと同じく、先の課題を考え不安になるのではなく、目の前の課題に取り組む。

ブラックジャックになれない症候群

例えば、医療系学部の場合、専門科目や解剖・臨床実習が始まったときに、思うように理解・実習できないため、「自分は医師や看護師の適性がないのではないか？」と悩む込み、自信を失うこと。教育学部の場合は、「金八先生になれない症候群」と呼ぶ。

発症時期：専門科目・実習

対　　策：思いつめすぎないこと。できなくて当たり前と考えること。課題をクリアーすることで、いつのまにか医療人（教育人）としての力が身についているものである。

ゴール前ストップ症候群

教育実習や病院実習があと少しで終了という時期に、突然、実習を休みだすこと。達成感のないままに、実習を終えることに躊躇してしまう。

発症時期：実習後半

対　　策：倒れこんでも実習を終了すること。達成感のある実習はないことを知る。

あしたのジョー症候群

何か大きなことを成し遂げた後、急に緊張の糸が切れたかのようにガタッと虚脱状態に陥ってしまう。次の目標が見つからずに、何をしても面白くない、何もやる気にならない、動く気にならない。この状態が長く続くと「うつ病」となる可能性もある。

発症時期：入学直後、実習後、サークル（特に運動系）引退後

対　　策：十分な睡眠と休息　趣味など自分の好きなことをしながら気持ちの整理をつける。

顔色うかがい症候群

ときに教員は、研究や教育、あるいは臨床に熱心になるあまり、語調が強くなることがある。これを真正面から受け取ってしまい、落ち込む。そのため、教員の顔色をうかがうようになり、ビクビクしながら実習や研究室で過ごすこと。

発症時期：ゼミ配属・臨床実習

対　　策：教員はときにヒートアップすることがある。強い語調の言葉を正面から受け取るのではなく、左から右に聞き流すこと。同級生同士で教員に対する愚痴を言い合うのも効果的。ただし、アカハラに抵触する言動についてはしかるべきところに相談すること。

人に頼れない症候群

人に頼る術を知らない、あるいは、プライドが許さないなどから、自分一人の力だけでは乗り越えられない課題に直面した時にも、人に悩みをうち明けたり、助けを求めたりすることができないこと。これまで人に頼らずに、自分の力でやってこられた学生に多い。

発症時期：大学全般

対　　策：他者に助けを求めることも、大事な生活力の一つであると知ること

ふれあい恐怖症候群

学業上やあいさつを交わす程度の付き合いならば特に問題なくこなせるが、お互いのことを深く知り合うほどの付き合いに恐怖感を抱くこと。一人でいるのは嫌だが、断られるのが怖くて自分からは誘えない、深い話をして嫌われるのは怖いなどの心理が働いている。

発症時期：大学全般

対　　策：一気に相手に近づこうとするのではなく、少しずつ距離を縮めてお互いにとって最適な距離を見つけていく。

「死にたいメール」症候群

辛いことや嫌なことがあると、すぐに、「死にたい」とのメールを友人たちに送ってしまう。メールが届いた友人たちは、自分の用事はさておき、メールの返信に追われたり、他の友人に連絡をとったりと大さわぎになる。ところが、メールを送った本人は、「死にたいメール」を送ったことで満足し、意外と平静でいることが多い。

発症時期：大学全般

対　　策：「死にたいメール」を受け取った友人たちを思いやる「想像力」を持つこと。「ITモラル」を身につけること。

恋愛狩人症候群

相手のことを本当には愛してないにも関わらず、とりあえずの恋愛関係を結ぶこと。心から満足できないため、次々と相手を代えてしまい、次第に人を愛するという感覚が麻痺する恐れがある。

発症時期：大学全般

対　　策：とりあえずの恋愛関係を繰り返すのは、若いのでやむを得ないところもあるが、どこかで、これではいけないと気づくこと。早く本命が見つかればよいのだが。

恋愛いいなり症候群

恋愛における別れは辛いものである。しかし、いつか終わりが来るのが恋愛である。別れが辛くて、一人になるのが怖くて、フラレないために、自分のプライドを捨ててまで、相手の要求を受け入れることをいう。デートDVに発展することもある。

発症時期：大学全般

対　　策：一人になるのを恐れないこと。ほろ苦いよい思い出で終えることが大事。

就活恐怖症

就職活動で何社も不合格になると、自分自身の人格を否定されたと思いこみ、自信を失うこと。重症になると、就職活動からドロップアウトしてしまい、卒業後NEETになるケースもある。

発症時期：就職活動中

対　　策：キャリアカウンセリングを受けるなど。

なんちゃって大学院生

望むところに就職できそうにない、あるいは、まだ社会に出たくないなどの理由から、研究に格別の興味がないのに大学院に進学すること。研究へのモチベーションが上がらないため、研究も進まず、研究室から足が遠のき、指導教員との関係も悪くなりやすい。

発症時期：大学院

対　　策：入学早期であれば、退学して学部卒で就職するのも一手。

人に頼れない症候群（34.0%）

ヒマラヤ症候群（30.2%）

ふれあい恐怖症候群（29.2%）

とりあえず入っちゃったけど症候群（25.5%）

完璧理解症候群（19.8%）

あしたのジョー症候群（18.9%）

スタートダッシュ症候群（17.9%）

ブラックジャックになれない症候群（7.5%）

就活恐怖症（7.5%）

ゴール前ストップ症候群（6.6%）

恋愛狩人症候群（5.7%）

ひきこもりじゃないけど症候群（4.7%）

「死にたいメール」症候群（2.8%）

恋愛いいなり症候群（0.9%）

なんちゃって大学院生（0%）

資料　2008年キャンパスライフとメンタルヘルス（106名受講　男子54名　女子52名）

3. 引用文献

大西勝：キャンパスライフにおけるメンタルヘルス症候群. 第37回中国・四国大学保健管理集会報告書, 2007

『岡山大学入門講座 2022』
執筆者一覧

第Ⅰ章　スタートアップ編

1・2	太刀掛　俊之	TACHIKAKE Toshiyuki
	中山　芳一	NAKAYAMA Yoshikazu
3	宇塚　万里子	UZUKA Mariko
	小川　秀樹	OGAWA Hideki
	稲森　岳央	INAMORI Takao
4	西村　朋子	NISHIMURA Tomoko

第Ⅱ章　セルフマネジメント編

1	寺東　宏明	TERATO Hiroaki
2	今井　康好	IMAI Yasuyoshi
3	岩﨑　良章	IWASAKI Yoshiaki
4	清水　幸登	SHIMIZU Yukito
	大西　勝	ONISHI Masaru
	河原　宏子	KAWAHARA Hiroko

岡山大学版教科書　　岡山大学入門講座2022

2022 年 3 月 1 日	初版第 1 刷発行
編著者	岡山大学入門講座 2022 テキスト編集委員会
発行者	槇野　博史
発行所	岡山大学出版会
	〒700-8530　岡山県岡山市北区津島中 3-1-1
	TEL 086-251-7306　FAX 086-251-7314
	http://www.lib.okayama-u.ac.jp/up/
印刷・製本	研精堂印刷株式会社

ISBN978-4-904228-73-9 C3037 ¥464E

定価：510円 ⑩（本体価格464円）

9784904228739

1923037004645

岡山大学出版会